一生あめる永久保存版

かぎ針あみのモチーフ
MOTIF CROCHET PATTERN
100

主婦の友社

CONTENTS

円形のモチーフ…5〜12

モチーフ図鑑 Circular Motif

円形のモチーフを使って

MOTIF* 1・2　　ストール…13

MOTIF* 3・4　　ブランケット…14

MOTIF* 5・6　　ストール…16

MOTIF* 7〜11　　ひざかけ…18

MOTIF* 12〜14　　ブランケット…20

MOTIF* 15　　ストール…22

MOTIF* 16・17　　ショール…23

MOTIF* 18　　ストール…24

MOTIF* 19・20　　ストール…25

MOTIF* 21　　ストール…26

MOTIF* 22　　ストール…27

MOTIF* 23　　マフラー…28

MOTIF* 24・25　　マフラー…29

MOTIF* 26　　ミニマフラー…30

MOTIF* 27　　ミニマフラー…32

MOTIF* 28・29　　ミニマフラー…33

MOTIF* 30〜32　　マフラー…34

MOTIF* 33　　ミニマフラー…35

MOTIF* 34　　バッグ…36

MOTIF* 35　　バッグ…37

MOTIF* 36　　バッグ…38

MOTIF* 37　　巾着…39

MOTIF* 38　　ドイリー…40

MOTIF* 39　　コースター…41

Column-1

糸、かぎ針と用具について…42

四角形のモチーフ…43～51
モチーフ図鑑 Square Motif

四角形のモチーフを使って

MOTIF * 40～43	ブランケット…52	
MOTIF * 44・45	ブランケット…54	
MOTIF * 46～49	ひざかけ…56	
MOTIF * 50～53	ひざかけ…58	
MOTIF * 54	ひざかけ＆クッション…60	
MOTIF * 55	ひざかけ…62	
MOTIF * 56・57	ストール…63	
MOTIF * 58	ストール…64	
MOTIF * 59	ストール…65	
MOTIF * 60～62	ストール…66	
MOTIF * 63	マーガレット…68	
MOTIF * 64	ストール…70	
MOTIF * 65	ミニマフラー…71	
MOTIF * 66	マフラー…72	
MOTIF * 67・68	マフラー…74	
MOTIF * 69	マフラー…75	
MOTIF * 70・71	ミニマフラー…76	
MOTIF * 72	ミニマフラー…77	
MOTIF * 73	ミニマフラー…78	
MOTIF * 74	ハンドウォーマー…79	
MOTIF * 75	バッグ…80	
MOTIF * 76	バッグ…82	
MOTIF * 77	バッグ…83	
MOTIF * 78	バッグ…84	
MOTIF * 79	マット…85	
MOTIF * 80	クッション…86	
MOTIF * 81～83	コースター…87	
MOTIF * 84	ミニマット…87	

Column-2
もっとモチーフあみを楽しみましょう…88

多角形のモチーフ…89〜92

モチーフ図鑑 Polygonal Motif

多角形のモチーフを使って

MOTIF * **85**   ミニショール…93

MOTIF * **86**   ひざかけ…94

MOTIF * **87**   ストール…96

MOTIF * **88**   ショール…97

MOTIF * **89**   ストール…98

MOTIF * **90**   ミニストール…99

MOTIF * **91**   変形ミニショール…100

MOTIF * **92**   ミニストール…101

MOTIF * **93**   マフラー…102

MOTIF * **94・95**   ミニマフラー…103

MOTIF * **96・97**   ミニマフラー…104

MOTIF * **98**   ミニマフラー…105

MOTIF * **99**   ミニマフラー…106

MOTIF * **100**   巾着…107

あみ方…108〜

テクニックガイド…217

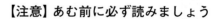

【注意】あむ前に必ず読みましょう

本書では使用した糸を特定の商品名ではなく、一般的な太さのタイプと形状で紹介しています。詳しくは、42ページをご覧ください。

あみたい作品が決まったら、糸の太さと形状、使用した針の太さを確認し、同じタイプの糸と針を選ぶと、大きさとイメージの近いものがあめます。

表紙、モチーフ図鑑（6〜12、44〜51、90〜92ページ）では、中細タイプのストレートヤーンの糸を、3/0号針のかぎ針であんでいます。

Circular Motif
円形のモチーフ

小さな花、可憐な花、華やかな花など、丸い形のモチーフは花をイメージさせるものがいっぱい。
玉あみや引き上げあみで立体感をプラスしたものもあります。
いくつもつないで作品に仕上げたときに美しいお花畑が登場するのが楽しみです。

Circular Motif

MOTIF * 1
→p.13
ストール

MOTIF * 2
→p.13
ストール

MOTIF * 3
→p.14
ブランケット

MOTIF * 4
→p.14
ブランケット

MOTIF * 6
→p.16
ストール

MOTIF * 5
→p.16
ストール

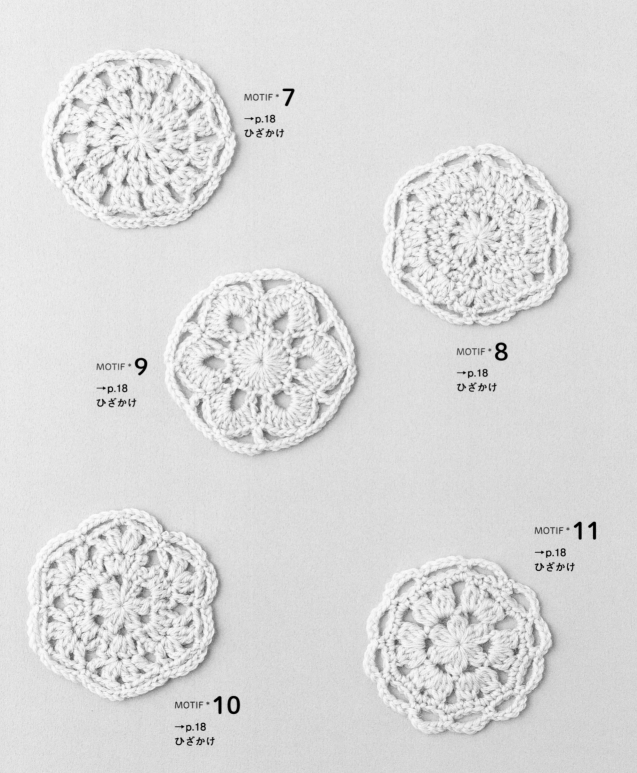

MOTIF * **7**
→p.18
ひざかけ

MOTIF * **8**
→p.18
ひざかけ

MOTIF * **9**
→p.18
ひざかけ

MOTIF * **10**
→p.18
ひざかけ

MOTIF * **11**
→p.18
ひざかけ

MOTIF * **12**

→p.20
ブランケット

MOTIF * **13**

→p.20
ブランケット

MOTIF * **14**

→p.20
ブランケット

MOTIF * **15**

→p.22
ストール

MOTIF * **16**

→p.23
ショール

MOTIF * **17**
→p.23
ショール

MOTIF * **18**
→p.24
ストール

MOTIF * **19**
→p.25
ストール

MOTIF * **20**
→p.25
ストール

MOTIF * **21**
→p.26
ストール

MOTIF * **22**
→p.27
ストール

MOTIF * **23**
→p.28
マフラー

MOTIF * **24**
→p.29
マフラー

MOTIF * **25**
→p.29
マフラー

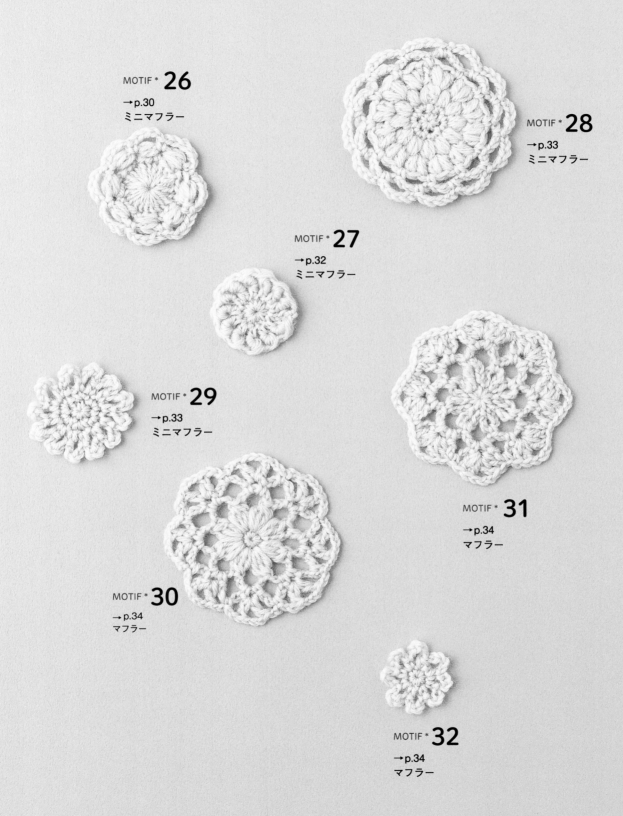

MOTIF * **26**
→p.30
ミニマフラー

MOTIF * **28**
→p.33
ミニマフラー

MOTIF * **27**
→p.32
ミニマフラー

MOTIF * **29**
→p.33
ミニマフラー

MOTIF * **31**
→p.34
マフラー

MOTIF * **30**
→p.34
マフラー

MOTIF * **32**
→p.34
マフラー

Circular Motif

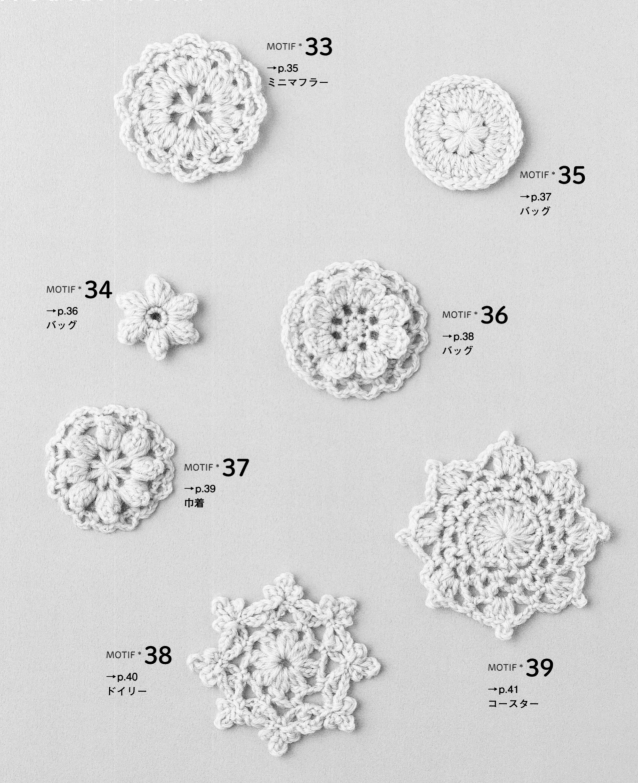

MOTIF * **33**
→p.35
ミニマフラー

MOTIF * **35**
→p.37
バッグ

MOTIF * **34**
→p.36
バッグ

MOTIF * **36**
→p.38
バッグ

MOTIF * **37**
→p.39
巾着

MOTIF * **38**
→p.40
ドイリー

MOTIF * **39**
→p.41
コースター

円形のモチーフを使って

6～12ページのモチーフを使って、マフラーや巾着、
ブランケット、コースターなど、
外出先でも、家でも重宝するアイテムを紹介しています。

MOTIF * 1・2
ストール

きれいな透け感を持つモチーフは、1色であむのがおすすめ。
2種類の密度の違うモチーフを交互に配置することで、
ワンランク上のストールに。

モチーフの大きさ／直径7cm
糸／合太タイプのストレートヤーン
あみ方／114ページ
デザイン／河合真弓

Circular Motif

MOTIF * 3·4
ブランケット

大小のモチーフを使い、
それぞれ2配色にして交互に配置しました。
落ち着いたピンク系の色であんでいるので、
大人かわいい印象に。

モチーフの大きさ／ＭＯＴＩＦ＊3(大)…直径7.5㎝
　　　　　　　　　ＭＯＴＩＦ＊4(小)…直径3.2㎝
糸／並太タイプのストレートヤーン
あみ方／109ページ
デザイン／河合真弓

Circular Motif

MOTIF * 5・6
ストール

同じモチーフを色違いで。
メインのモチーフに対照色を使うか
同系色を使うかによって、
印象がまったく異なります。
どの部分を目立たせるか考えながら、
お気に入りの色合わせを
見つけるのも楽しそうです。

モチーフの大きさ／MOTIF * 5(大)…直径5.5cm
　　　　　　　　　 MOTIF * 6(小)…直径2.2cm
糸／中細タイプのストレートヤーン
あみ方／115ページ
デザイン／岡本啓子

Circular Motif

MOTIF * 7·8·9·10·11
ひざかけ

5種類のモチーフをあみつなぎ、
モチーフあみの醍醐味が味わえるひざかけです。
最終段を白い糸であむことで、
モチーフそれぞれの模様をはっきり浮き上がらせ、
かわいらしさを引き立てる効果が。透け感があるので、
軽やかなイメージに仕上がります。

モチーフの大きさ／直径7.5cm
糸／合太タイプのストレートヤーン
あみ方／111ページ
デザイン／岡本啓子

MOTIF * 12·13·14
ブランケット

ブルー系を中心にして1段ずつ色をかえ、まとまり感を出しました。
難度は少々高めですが、でき上がったときの達成感や満足感を味わえます。

モチーフの大きさ／直径7㎝
糸／中細タイプのストレートヤーン
あみ方／117ページ
デザイン／河合真弓

Circular Motif

MOTIF * 15
ストール

シンプルな黒糸とゴールドのラメ糸を
引きそろえてあんだので、
一見シックでも、さりげない輝きを放つストールです。
ふだん使いはもちろん、
気軽なパーティーまで幅広く活躍しそう。
1枚あると重宝します。

モチーフの大きさ／直径8cm
糸／中細タイプのストレートヤーン、ラメ糸
あみ方／120ページ
デザイン／岡本啓子

Circular Motif

MOTIF * 16・17
ショール

紅葉を感じる秋色の糸3色で、肩をしっかり
あたためるショール。
大きなモチーフを先にあみ、
小さなモチーフは後からあみつないで作ります。

モチーフの大きさ／MOTIF＊16（大）…直径7cm
　　　　　　　　　MOTIF＊17（小）…直径3cm
糸／中細タイプのストレートヤーン
あみ方／122ページ
デザイン／岡本啓子

MOTIF * 18

ストール

桜の花びらを思わせる淡いピンクみを帯びたベージュで、
繊細なネットあみの表情を生かしてあんだ、可憐なストールです。
台形になるようにつないでいるので、
肩にぴったりそってきれいなシルエットをつくります。

モチーフの大きさ／直径8cm
糸／中細タイプのストレートヤーン
あみ方／125ページ
デザイン／岡本啓子

Circular Motif

MOTIF * 19・20
ストール

こちらも可憐な花をイメージしていますが、マーガレットのように、
花びらの輪郭がはっきり出る、1枚でも印象的なモチーフです。
大きな花びらのすき間に小さな円形のモチーフを配することで
バランスよくまとまりました。

モチーフの大きさ／ＭＯＴＩＦ＊19（大）…直径8.5㎝
　　　　　　　　　ＭＯＴＩＦ＊20（小）…直径5.5㎝
糸／中細タイプのストレートヤーン
あみ方／128ページ
デザイン／岡本啓子

MOTIF * 21

ストール

中央で赤い花が立体的に浮き上がり、ひときわ存在感を放つモチーフ。
ベージュのネットあみの繊細さが花の立体感をきわ立たせます。
4段めのこまあみを、前々段の中長あみの「柱」にあみつけますが、
この位置がポイントなので、あみ図で確認しましょう。

モチーフの大きさ／直径9.5cm
糸／中細タイプのストレートヤーン
あみ方／126ページ
デザイン／岡本啓子

Circular Motif

MOTIF * 22
ストール

ベージュと生なりのナチュラルなトーンで
まとめたストールです。
生なりの部分はくさりあみでピコットをいくつも作り、
ひらひらと立体的にしました。
シンプルな服にはおるだけで、
ぱっと乙女チックな装いへと変わります。

モチーフの大きさ／直径9㎝
糸／中細タイプのストレートヤーン
あみ方／129ページ
デザイン／岡本啓子

Circular Motif

MOTIF * 23

マフラー

ブルー系を2色ずつ使ってあんでいます。
薄い色で明るく、濃い色でシックにと、
服に合わせやすい色であんでください。

モチーフの大きさ／直径8.5㎝
糸／並太タイプのストレートヤーン
あみ方／130ページ
デザイン／河合真弓

Circular Motif

MOTIF * 24・25

マフラー

パステルトーンのモヘアで、
ふんわり優しい感じを出しました。
2種類のモチーフをそれぞれ3配色にして、
全部で6タイプをあんでいます。

モチーフの大きさ／直径7cm
糸／細タイプのモヘアヤーン
あみ方／132ページ
デザイン／河合真弓

MOTIF * 26

ミニマフラー

直径3.5cmの、小さな小さなモチーフをつないだミニマフラーです。
左のようにパステルトーンでまとめ、最終段を白にすると、
柔らかい印象です。
右のように濃いめのノスタルジックな色みでそろえると、
少し大人っぽい印象に。

モチーフの大きさ／直径3.5cm
糸／中細タイプのストレートヤーン
あみ方／134ページ
デザイン／岡本啓子

Circular Motif

MOTIF * 27

ミニマフラー

小菊のようなキュートなモチーフは、「コイルあみ」という技法であんだもの。
かぎ針に巻きつけた糸を引き抜くことで、コイル状にクルクルと持ち上がり、
花びらが上を向いたような立体的な形が作れます。
モノトーンでまとめ、立体感がきわ立つようにしました。

モチーフの大きさ／直径3.5㎝
糸／並太タイプのストレートヤーン
あみ方／131ページ
デザイン／岡本啓子

32

Circular Motif

MOTIF * 28・29
ミニマフラー

小さなモチーフを並べ、その間を、さらに小さなモチーフで埋めたミニマフラーです。
幅は細めですが長さは1m以上あるので、二重にして巻くことで、
首元にインパクトが出ます。丸みのあるモチーフの形を生かした輪郭もポイントです。

モチーフの大きさ／ＭＯＴＩＦ＊28(大)…直径6.5cm
　　　　　　　　　ＭＯＴＩＦ＊29(小)…直径2.5cm
糸／合太タイプのストレートヤーン
あみ方／136ページ
デザイン／岡本啓子

Circular Motif

MOTIF＊30・31・32
マフラー

シックなグリーン系の色を中心に、
3種類のモチーフを組み合わせます。
つなぐ枚数をかえて、ストールやブランケットにしても素敵。

モチーフの大きさ／ＭＯＴＩＦ＊30・31（大）…直径6.5㎝
　　　　　　　　ＭＯＴＩＦ＊32（小）…直径2.8㎝
糸／合太タイプのストレートヤーン
あみ方／144ページ
デザイン／河合真弓

MOTIF * 33

ミニマフラー

首にひと巻きする長さは、あたためながらアクセサリーがわりに使えて便利です。
どちらも濃い色を使うことで、モチーフの丸い形を印象づけます。

モチーフの大きさ／直径5㎝
糸／中細タイプのストレートヤーン
あみ方／145ページ
デザイン／河合真弓

MOTIF * 34

バッグ

ぎっしりと花で埋まったように見える迫力あるモチーフですが、
実は2段で完成するシンプルさ。
パプコーンあみでぷっくりした表情を出しています。
太めのモールヤーンを使っていますが
12ページのようにストレートヤーンであむと
印象ががらりと変わります。

モチーフの大きさ／直径4cm
糸／極太タイプのモールヤーン
あみ方／146ページ
デザイン／岡本啓子

MOTIF * 35
バッグ

1つのモチーフを8通りの配色であんでいますが、
3段めは黒で統一しました。
カラフルなモチーフも
まとまりやすい配色です。
内側には布製の中袋をつけました。
ひと手間かかりますが、強度が高まり、
中身が落ちる心配もありません。

モチーフの大きさ／直径5cm
糸／合太タイプのストレートヤーン
あみ方／138ページ
デザイン／岡本啓子

MOTIF * 36

バッグ

色の使い方で、
花模様を浮き上がらせた優れもの。
モチーフをあみつなぐと
底からバッグの形が徐々にできていくので、
完成が楽しみになります。

モチーフの大きさ／直径6㎝
糸／並太タイプのストレートヤーン
あみ方／140ページ
デザイン／河合真弓

MOTIF * 37

巾着

モチーフごとに色をかえて、カラフルなデザインに。
パプコーンあみのぷっくりとした立体感も合わさり、
小さいながらもインパクト抜群。

モチーフの大きさ／直径4.5cm
糸／合太タイプのストレートヤーン
あみ方／142ページ
デザイン／河合真弓

MOTIF * 38

ドイリー

細い糸で可憐な印象のモチーフが、
3段で完成する手軽さにうれしくなります。
テーブルの上に置くだけで、
パステル系のピンクが優しい空間を演出。

モチーフの大きさ／直径7cm
糸／中細タイプのストレートヤーン
あみ方／149ページ
デザイン／河合真弓

MOTIF * 39
コースター

1枚でコースターの大きさにぴったり！
同じ色であむとテーブルに統一感が生まれ、
色をかえてあむと華やかになります。

モチーフの大きさ／直径10cm
糸／並太タイプのストレートヤーン
あみ方／124ページ
デザイン／河合真弓

Column-1

●糸について

本書で使用した糸は、一般的な太さと形状で表記しています。
太さの目安は右記と下の実物大写真を参照してください。
同じタイプの糸でも商品によって太さは異なります。
モチーフを同じ大きさであみたい場合は、モチーフを1枚あみ、
その大きさをあみ方図の表記と比べてみましょう（試しあみ）。
細い糸であめば小さくなり、太い糸であめば大きくなります。

本書で使用した糸の太さと針の号数

	タイプ	50gでの長さの目安	使用したかぎ針の号数
細い糸	中細タイプ	190 〜 230m	2/0号 3/0号
	細タイプ	180 〜 220m	4/0号
	合太タイプ	140 〜 160m	4/0号 5/0号
	並太タイプ	100 〜 130m	5/0号
太い糸	極太タイプ	60 〜 80m	5/0号 7/0号

中細タイプのストレートヤーン

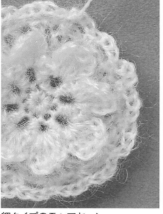

細タイプのモヘアヤーン

合太タイプのストレートヤーン

並太タイプのストレートヤーン

写真は実物大。モチーフは38ページのMOTIF*36

●かぎ針と用具について

すべてのモチーフは、かぎ針1本を使ってあみます。そのほか、そろえておきたいあみ物用具について説明します。

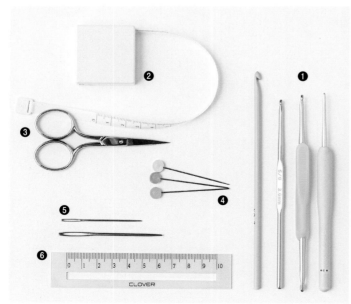

❶かぎ針
針先がフック状になった針で、太さは「号数」で表記し、2/0〜10/0号で数字が大きくなるほど太くなります。糸の太さに合う号数を使いましょう。片側に針先のついた「片かぎ針」と、両側に違う号数の針先がついた「両かぎ針」があります。初心者は、片かぎ針がおすすめ。針先は金属製、プラスチック製や竹製もあります。持ちやすいようにグリップがついたものなどもありますので自分があみやすいものを使いましょう。

❷メジャー　❻定規　モチーフの大きさを測るときに使います。

❸はさみ　先が細くて切れ味のよい手芸用がおすすめです。

❹毛糸用まち針
縫いもの用より、針足が長く、針先が丸い針。モチーフどうしを仮止めしたり、目印として使用します。

❺毛糸用とじ針
縫い針よりも針先が丸い針。糸端を始末する際や、モチーフによってはあみ地をとじるために使います。糸の太さに合う太さを選びましょう。

その他、仕上げ用にアイロン、アイロン台が必要です。モチーフ（あみ地）にアイロンをかけるときは、あみ地の裏側から、アイロンを少し浮かせた状態でスチームだけをあてます（使用する素材によって異なります。詳しくは毛糸のラベルのアイロン表記を参照してください）。

Square Motif
四角形のモチーフ

あたたかみのある表情とノスタルジックな雰囲気で人気が高い四角いモチーフ。
四辺をつなぐことが多いので、形がしっかりします。いくつもつなぐときは手かげんに注意して
大きさを揃えてあみましょう。

Square Motif

MOTIF * **40**
→p.52
ブランケット

MOTIF * **41**
→p.52
ブランケット

MOTIF * **43**
→p.52
ブランケット

MOTIF * **42**
→p.52
ブランケット

MOTIF * **45**
→p.54
ブランケット

MOTIF * **44**
→p.54
ブランケット

MOTIF * **47**

→p.56
ひざかけ

MOTIF * **46**

→p.56
ひざかけ

MOTIF * **49**

→p.56
ひざかけ

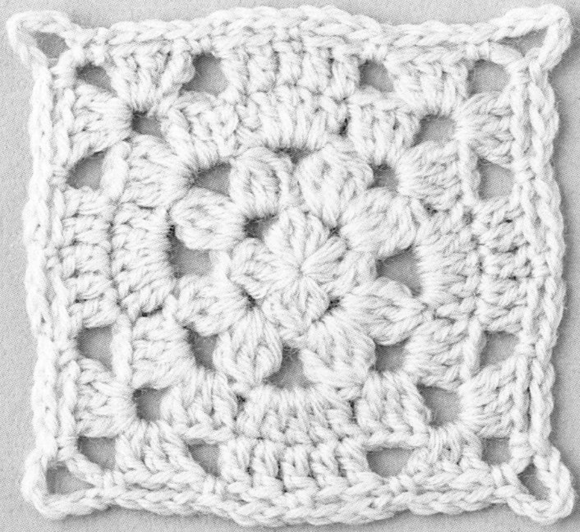

MOTIF * **48**

→p.56
ひざかけ

MOTIF * **50**

→p.58
ひざかけ

Square Motif

MOTIF * **51**

→p.58

ひざかけ

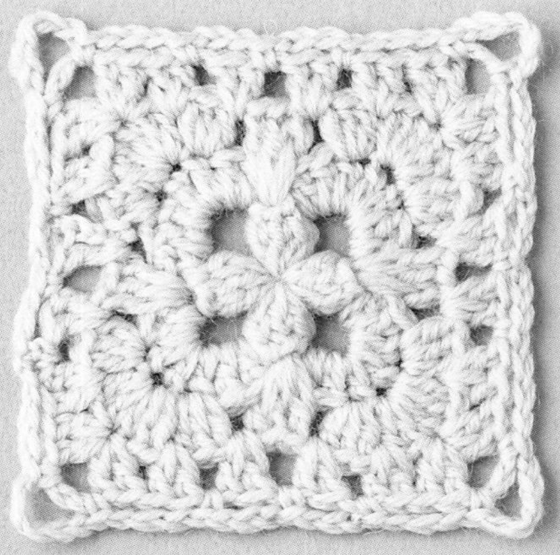

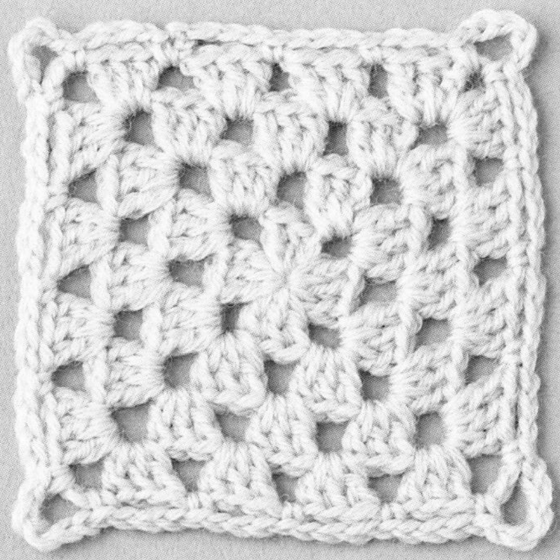

MOTIF * **52**

→p.58

ひざかけ

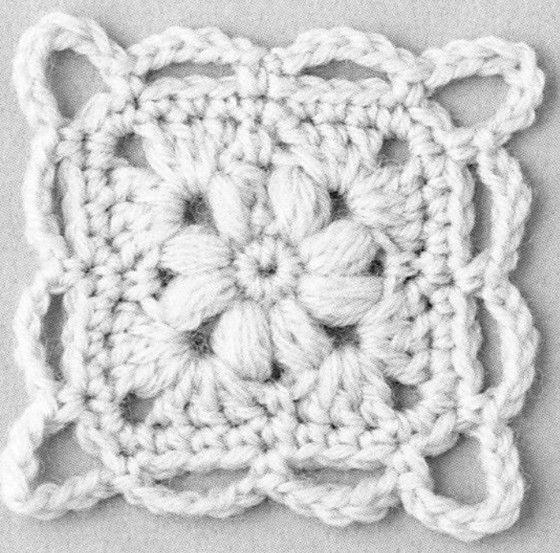

MOTIF * **54**

→p.60

ひざかけ＆クッション

MOTIF * **53**

→p.58

ひざかけ

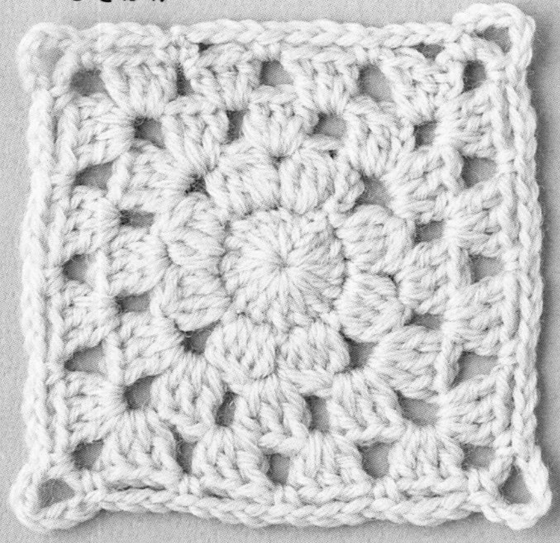

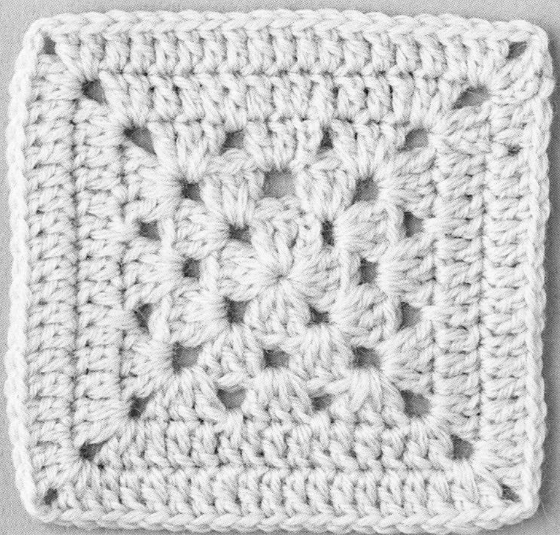

MOTIF * **55**

→p.62

ひざかけ

モチーフは実物大ではありません。

MOTIF * **56**
→p.63
ストール

MOTIF * **57**
→p.63
ストール

MOTIF * **58**
→p.64
ストール

MOTIF * **59**
→p.65
ストール

MOTIF * **60**
→p.66
ストール

MOTIF * **61**
→p.66
ストール

Square Motif

MOTIF * **62**
→p.66
ストール

MOTIF * **63**
→p.68
マーガレット

MOTIF * **65**
→p.71
ミニマフラー

MOTIF * **64**
→p.70
ストール

MOTIF * **66**
→p.72
マフラー

MOTIF * **67**
→p.74
マフラー

MOTIF * **68**

→p.74
マフラー

MOTIF * **69**

→p.75
マフラー

MOTIF * **70**

→p.76
ミニマフラー

MOTIF * **71**

→p.76
ミニマフラー

MOTIF * **72**

→p.77
ミニマフラー

MOTIF * **73**

→p.78
ミニマフラー

Square Motif

MOTIF * **74**

→p.79
ハンドウォーマー

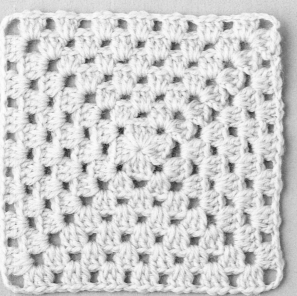

MOTIF * **77**

→p.83
バッグ（7段めまであんだもの）

MOTIF * **75**

→p.80
バッグ

MOTIF * **76**

→p.82
バッグ

MOTIF * **78**

→p.84
バッグ

MOTIF * **79**

→p.85
マット

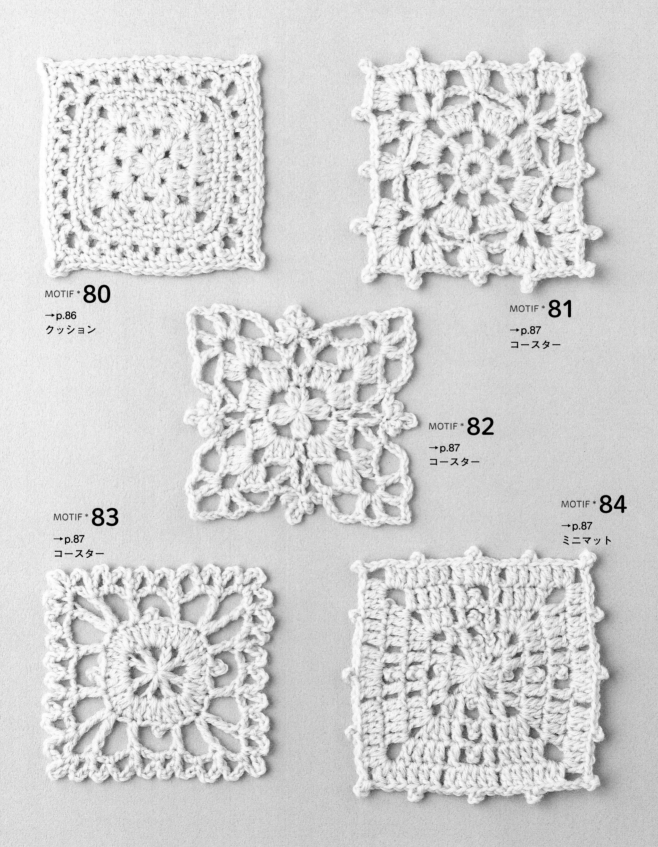

MOTIF * **80**
→p.86
クッション

MOTIF * **81**
→p.87
コースター

MOTIF * **82**
→p.87
コースター

MOTIF * **83**
→p.87
コースター

MOTIF * **84**
→p.87
ミニマット

四角形のモチーフを使って

44〜51ページのモチーフを使って、2色から多色を中心にした作品を紹介しています。
あみ地がしっかりするので、ブランケットやカバー類に向いています。

Square Motif
MOTIF * 40・41・42・43
ブランケット

モチーフも色数も豊富な、贅沢なブランケット。
モチーフは4種類ですが、
周囲2段は同じネットあみなので、
好みの配置にかえられます。
時間をかけて少しずつあむ時間を楽しんで。

モチーフの大きさ／7.5cm角
糸／合太タイプのストレートヤーン
あみ方／150ページ
デザイン／河合真弓

MOTIF * 44・45
ブランケット

モノトーンの２色で、
丸い模様や四角い形をくっきりと描き出します。
太めの糸を使うと、
ふっくらあたたかなブランケットが作れます。

モチーフの大きさ／7.5cm角
糸／並太タイプのストレートヤーン
あみ方／152ページ
デザイン／河合真弓

MOTIF * 46・47・48・49

ひざかけ

４種類のモチーフに色のバリエーションを加え、10パターンに増やして組み合わせています。
パターンは多くても、赤、ブルー、グリーンと、モチーフごとに色調を統一しているので、
散漫にならずにまとまります。赤い縁あみと、四隅につけた飾りもポイントです。

モチーフの大きさ／7.5cm角
糸／合太タイプのストレートヤーン
あみ方／154ページ
デザイン／岡本啓子

MOTIF * 50・51・52・53

ひざかけ

モチーフは4種類。ナチュラルカラーでトーンをそろえているので、
まとまりのある印象ですが、実は7色の糸を使い、色合わせに厚みを持たせています。
メインで使う色を決めたら、あとはインスピレーションで色を足しながら、
1枚ずつあんでみてもよいでしょう。

モチーフの大きさ／7.5㎝角
糸／合太タイプのストレートヤーン
あみ方／156ページ
デザイン／岡本啓子

MOTIF * 54
ひざかけ＆クッション

正方形の同じモチーフが整然と並んだ印象が美しい、
ひざかけとクッション。複数のアイテムを同じモチーフでそろえると、
インテリアとして統一感が出ます。クッションは30cm角のミニサイズ。
いくつもあんで並べてみるのもよいでしょう。

モチーフの大きさ／7.5cm角
糸／並太タイプのストレートヤーン
あみ方／158ページ
デザイン／岡本啓子

MOTIF * 55
ひざかけ

目に優しいアースカラー3色でまとめました。
モチーフはくさりあみと長あみだけのシンプルなあみ方で
モチーフを枚数分先にあんで、
最後にとじる方法なので、初心者にもおすすめです。

モチーフの大きさ／9cm角
糸／合太タイプのストレートヤーン
あみ方／160ページ
デザイン／風工房

Square Motif
MOTIF* 56・57
ストール

はおっても軽く、レーシーなモチーフです。
四角い形を生かして、周囲をジグザグラインにしました。
さまざまなスタイルに似合います。

モチーフの大きさ／6cm角
糸／中細タイプのストレートヤーン
あみ方／162ページ
デザイン／河合真弓

MOTIF * 58

ストール

1辺が11cmある大きめのモチーフですが、つないでいくと、
モチーフどうしが接する部分に新しい模様が浮かび上がり、
まるで数種類のモチーフをあんでいるかのように見えます。
つなぐことで新たな模様が生み出されることが、
モチーフつなぎのおもしろさでしょう。

モチーフの大きさ／11cm角
糸／細タイプのモヘアヤーン
あみ方／164ページ
デザイン／岡本啓子

Square Motif

MOTIF * 59
ストール

中央をベージュで、その周囲は生なりで透け感のある模様をあんだ、
花びらのように可憐なストール。
1枚で、大人かわいいファッションを完成させます。

モチーフの大きさ／7cm角
糸／合太タイプのストレートヤーン
あみ方／165ページ
デザイン／岡本啓子

MOTIF * 60・61・62
ストール

全部で132枚のモチーフがつないである、あみごたえのある1枚。
ブランケットとしても楽しめ、あみ上がったときの満足感は格別です。
ネイビーやグレーを基調にしたので落ち着いた雰囲気ですが、
明るい色みの糸で統一すると、軽やかなイメージに一変します。

モチーフの大きさ／6cm角
糸／中細タイプのストレートヤーン
あみ方／166ページ
デザイン／岡本啓子

MOTIF * 63
マーガレット

長方形のあみ地のサイドにボタンをつけています。
広げた形では、マフラーやストールとして使え、ボタンをとめると、
その部分がそでになり、カーディガンのようにさっとはおれます。
マーガレットと呼ばれる、寒さに合わせて形を変えられる便利なアイテムです。

モチーフの大きさ／4.5cm角
糸／合太タイプのストレートヤーン
あみ方／168ページ
デザイン／岡本啓子

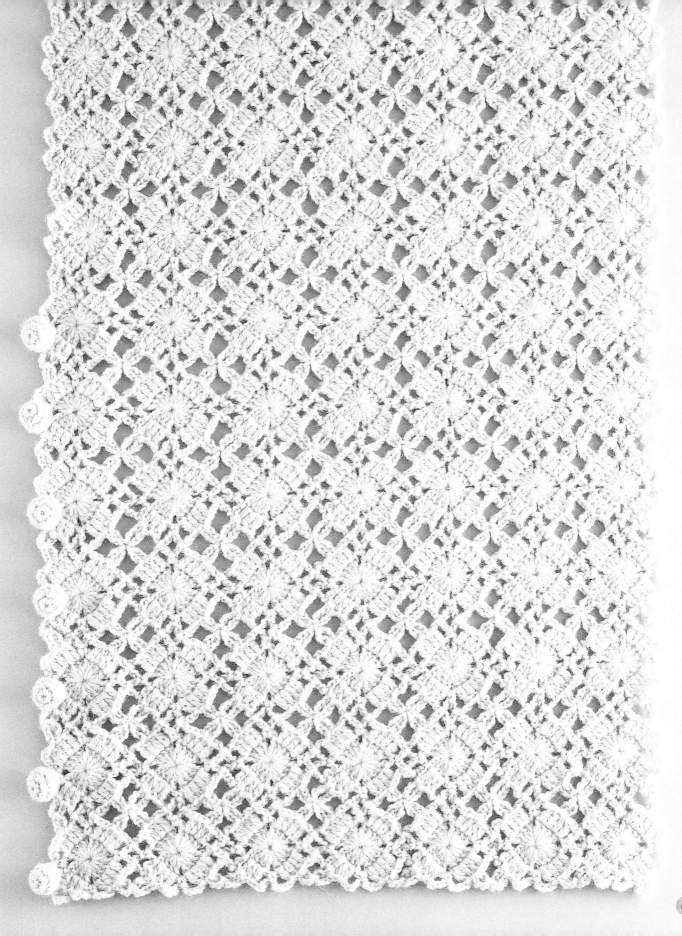

Square Motif

MOTIF * 64

ストール

つなぎ方をひと工夫して、大輪の花のすき間から小さな花が覗く、
花畑のように見せました。
縁あみを多めにして、周囲のラインが丸みを帯びて優美な雰囲気が
生まれるようにあんだストールです。

モチーフの大きさ／9.5cm角
糸／細タイプのモヘアヤーン
あみ方／170ページ
デザイン／岡本啓子

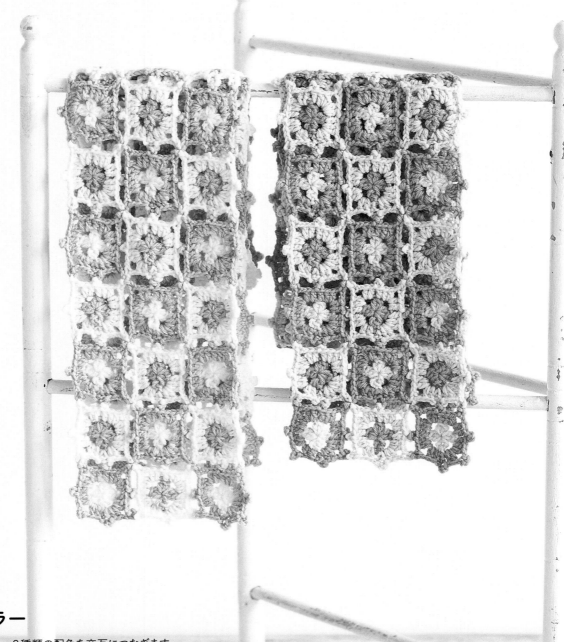

MOTIF * **65**

ミニマフラー

市松模様のように、2種類の配色を交互につなぎます。
やさしいくり返しの模様なので
短時間でサクサクあみ進められます。

モチーフの大きさ／5cm角
糸／並太タイプのストレートヤーン
あみ方／174ページ
デザイン／河合真弓

MOTIF * 66

マフラー

黒の中から浮き出るような円形モチーフが小花模様にも見え、
シックな中にもかわいらしいイメージが生まれました。
両わきにつけたくるみボタンのような飾りが、リズミカルな印象を与えてくれます。

モチーフの大きさ／4㎝角
糸／合太タイプのストレートヤーン
あみ方／172ページ
デザイン／岡本啓子

マフラー

左は生なりとターコイズでさわやかに、
右はブルーの濃淡でシックに。
同じモチーフでも配色でイメージがかなりかわるので
何枚もあんでみたくなります。

モチーフの大きさ／7cm角
糸／合太タイプのストレートヤーン
あみ方／175ページ
デザイン／河合真弓

Square Motif
MOTIF * 69
マフラー

シンプルに１色であむと、
モチーフの模様本来の美しさがきわ立ちます。
ひたすらあみ続けたいと思うときにも集中できておすすめ。

モチーフの大きさ／6cm角
糸／中細タイプのストレートヤーン
あみ方／176ページ
デザイン／河合真弓

MOTIF * 70・71
ミニマフラー

ふわふわのモヘア糸は、
かたい印象になりがちな四角い形を
和らげる効果があります。
パステル系の色で、さらにソフトな
雰囲気がつくり出せます。

モチーフの大きさ／6.5cm角
糸／細タイプのモヘアヤーン
あみ方／177ページ
デザイン／河合真弓

MOTIF * 72
ミニマフラー

生なりのストレート糸であんだマフラーは、どんなウエアにも合わせやすくて重宝します。
ふわふわした糸であんだボリュームのあるコサージュをプラスすると、
ガーリー感がぐんとアップ。首元がぱっと華やかになります。

モチーフの大きさ／6.5㎝角
糸／中細タイプのストレートヤーン［マフラー］
　　極太タイプのファンシーヤーン［コサージュ］
あみ方／178ページ
デザイン／岡本啓子

MOTIF * 73
ミニマフラー

小さめのマフラーですが、ビビッドな赤が目を引くので、コーディネートのアクセントになります。
フリンジはマフラーのサイズに合わせて短めにカットするとキュート。

モチーフの大きさ／4cm角
糸／中細タイプのストレートヤーン
あみ方／188ページ
デザイン／岡本啓子

MOTIF * 74

ハンドウォーマー

実は四角いモチーフって
ハンドウォーマーがとっても簡単に作れるのです。
親指穴の部分だけモチーフをつながずにおき、
あとは筒状につなげたらでき上がり。

モチーフの大きさ／5cm角
糸／合太タイプのストレートヤーン
あみ方／180ページ
デザイン／河合真弓

MOTIF * 75

バッグ

ぷっくりとした玉あみが花びらのような立体感を表したキュートなモチーフ。
ポンポンブレードをあしらったように見える入れ口と、
持ち手の玉あみもアクセントになっています。
モチーフ1枚分のまちがついているので収納力も十分。

モチーフの大きさ／6cm角
糸／合太タイプのストレートヤーン
あみ方／182ページ
デザイン／岡本啓子

MOTIF * 76

バッグ

モチーフつなぎはあみながらつなぐパターンが多いなか、これは必要な枚数をあんでから
最後にとじる方法です。すべてのモチーフを並べられるので色合わせを楽しむときに便利。
糸は光沢のあるモールヤーンを使いました。手触りがよく、すいすいあめそうです。

モチーフの大きさ／8cm角
糸／極太タイプのモールヤーン
あみ方／184ページ
デザイン／岡本啓子

MOTIF * **77**

バッグ

レトロな雰囲気のバッグは、大きなモチーフを4枚つないだだけ。
四隅でくさりあみをあむ以外、長あみだけで完成する、いたってシンプルなあみ方です。
その分、毎段色をかえ、思い切った配色で個性を出して。

モチーフの大きさ／16cm角
糸／合太タイプのストレートヤーン
あみ方／186ページ
デザイン／岡本啓子

MOTIF * 78
バッグ

四角い形をダイヤ柄のようにつなぎ、
丸みのついたかわいいバッグに。
茶色をベースにして、
オレンジ色の花模様を浮き上がらせました。

モチーフの大きさ／8㎝角
糸／並太タイプのストレートヤーン
あみ方／189ページ
デザイン／河合真弓

Square Motif

MOTIF * 79

マット

1段めと3段めに入れた玉あみが渦を巻いているように見える、
立体的でかわいらしいモチーフです。
ここではイメージを生かして子ども用のいすにぴったりの小さなマットにしました。
配色をかえていくつか並べてみても楽しいでしょう。

モチーフの大きさ／4.5㎝角
糸／中細タイプのストレートヤーン
あみ方／192ページ
デザイン／岡本啓子

MOTIF * 80

クッション

モチーフは1段ごとに色をかえてあみます。
7色登場しますが、最終段ではすべて淡いグリーンの糸で統一し、
隣り合うモチーフとあみつなぐことで、全体のカラーを引き締める効果が。
ナチュラルカラーのインテリアのアクセントにすると、
華やかさが引き立ちます。

モチーフの大きさ／8cm角
糸／合太タイプのストレートヤーン
あみ方／193ページ
デザイン／岡本啓子

Square Motif
MOTIF * 81・82・83
コースター

モチーフ1枚のコースター。
いろいろな色合わせにチャレンジでき、
試しあみや余り糸を活用したいときにも便利です。

モチーフの大きさ／
ＭＯＴＩＦ＊81（左）＊82（中央）…8.5cm角
ＭＯＴＩＦ＊83（右）…8cm角
糸／中細タイプのストレートヤーン
あみ方／194ページ
デザイン／河合真弓

Square Motif
MOTIF * 84
ミニマット

３色の糸で同じモチーフをあみ、
12枚をあみつなぎました。
長あみをメインにあむので、
表面がフラットになって
使いやすいマットです。

モチーフの大きさ／9cm角
糸／中細タイプのストレートヤーン
あみ方／195ページ
デザイン／河合真弓

Column-2

もっとモチーフあみを楽しみましょう

モチーフあみは、気軽に始められるかぎ針あみです。1枚あむだけで、コースターやアクセサリーになり、
つなぐと、つなぎめから新しい表情が生まれます。これが楽しくて、
あむ手が止まらなくなり、飽きてあみやめても、マットやミニマフラーなどに使えるので挫折感がありません。
本書は長く使っていただきたいため特定の商品名を記載していません。ご自身で好みの糸と、色を選んであんでください。
モチーフは数と並べ方で大きさを調整できるので、作品と異なる太さでも、
気に入った糸や色でトライすることをおすすめします。
自由な発想で、世界に一つのモチーフを作って、おうち時間を楽しみましょう。

●モチーフの大きさを合わせたい場合

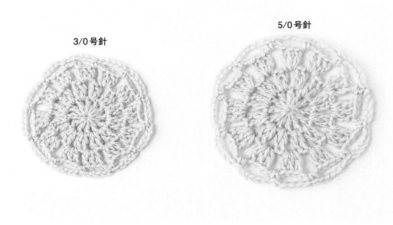

3/0号針

5/0号針

左の写真は、同じモチーフを、同じ中細タイプのストレートヤーンの糸で、針の太さだけかえてあんだもの。同じ太さの糸でも、針がかわると大きさがかわり、その表情も変わります。モチーフの大きさを本とそろえたい場合、バッグやハンドウォーマーをあむ場合は、同じタイプの糸を選び、試しあみをしてください。

[大きさがほぼ同じ場合]
大きさが変わらないよう気をつけてあみ始めてください。

[大きくなった場合]
手かげんをきつくするか、針を1号細い針にかえてください。

[小さくなった場合]
手かげんをゆるくするか、針を1号太い針にかえてください。

●モチーフの色合わせのコツ

モチーフは、多色であむと表情ががらりと変わります。右の写真は、配色によってモチーフの見え方が変わる例です。上列は段ごとに糸の色をかえてあんだモチーフ。下列は全段糸の色をかえないであんだモチーフ。本書では、色合わせのコツを各作品のページで紹介しています。色をかえるたびに異なる表情が生まれ、つないでいくと驚きが生まれることがあります。オリジナルの色合わせを楽しむのは、モチーフあみの大きな魅力です。

Polygonal Motif

多角形のモチーフ

三角形や六角形の個性的な形のモチーフを集めました。
あみ図どおりにあめばよいのでほかのモチーフより難しいことはありません。
1枚でも印象的ですが、つなぐことで華やかさが出るのが魅力です。

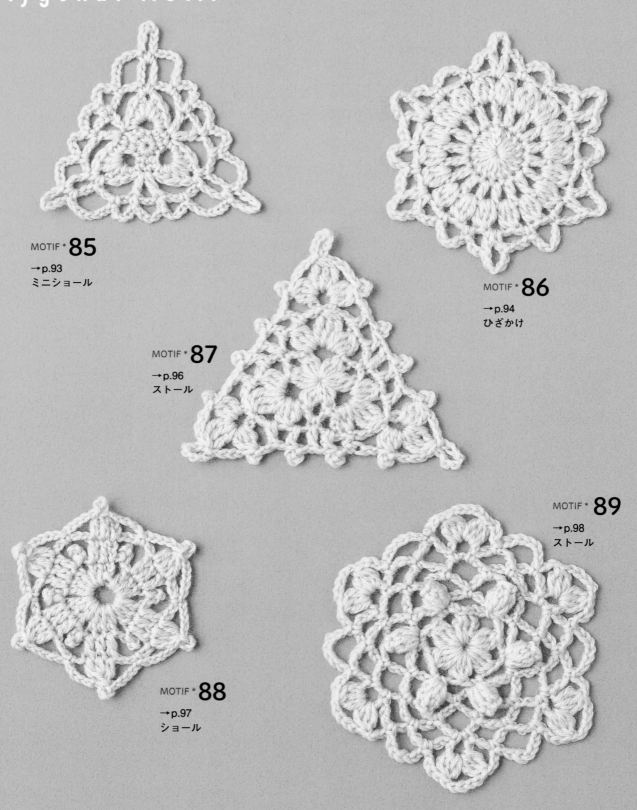

MOTIF * **85**

→p.93
ミニショール

MOTIF * **86**

→p.94
ひざかけ

MOTIF * **87**

→p.96
ストール

MOTIF * **89**

→p.98
ストール

MOTIF * **88**

→p.97
ショール

MOTIF * **90**

→p.99
ミニストール

MOTIF * **91**

→p.100
変形ミニショール

MOTIF * **92**

→p.101
ミニストール

MOTIF * **93**

→p.102
マフラー

MOTIF * **94**

→p.103
ミニマフラー

MOTIF * **95**

→p.103
ミニマフラー

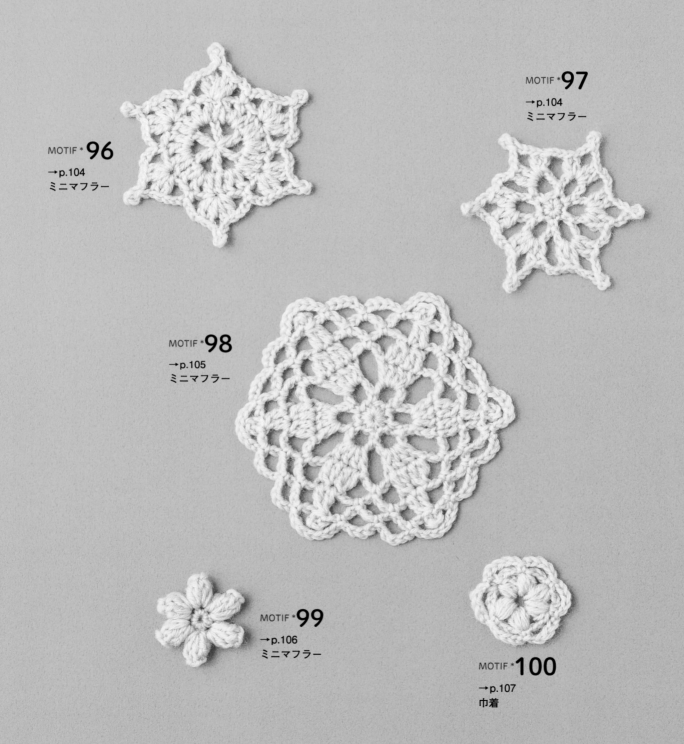

MOTIF * **96**
→p.104
ミニマフラー

MOTIF * **97**
→p.104
ミニマフラー

MOTIF * **98**
→p.105
ミニマフラー

MOTIF * **99**
→p.106
ミニマフラー

MOTIF * **100**
→p.107
巾着

多角形のモチーフを使って

90～92 ページのモチーフを使い、イレギュラーな形が持つ独特な魅力を生かして、ショールやマフラーなど、
肩や首に巻く小物を作りました。服のアクセントに使え、華やかな雰囲気を演出します。

Polygonal Motif

MOTIF * 85
ミニショール

三角形のモチーフは、つなぐと模様が
回転するので、あみ進めるのが楽しくなります。
中央の生なりの模様に動きが加わり、
ワンランク上の仕上がりに。

モチーフの大きさ／1辺が9cmの三角形
糸／中細タイプのストレートヤーン
あみ方／196ページ
デザイン／河合真弓

MOTIF * 86

ひざかけ

鮮やかな配色が絶妙で、眺めているだけでも楽しいひざかけ。
モチーフは一見、円に見えますが、
ベージュの糸で最終段をあむことで六角形になります。
10通りもの配色があるので、飽きることなくあみ進められそう。

モチーフの大きさ／1辺5cmの六角形
糸／合太タイプのストレートヤーン
あみ方／198ページ
デザイン／岡本啓子

MOTIF * **87**

ストール

個性がきわ立つ正三角形のモチーフです。あみ方図どおりに増せば自然と三角になるので、
あみ方はほかの形と変わりません。6枚つないで六角形のドイリーにしたり、
細長くつないでテーブルセンターにするのも素敵。
ここでは清楚なレースあみ風のオフホワイトのストールに。

モチーフの大きさ／1辺10cmの三角形
糸／中細タイプのストレートヤーン
あみ方／200ページ
デザイン／岡本啓子

MOTIF * 88

ショール

星のような美しい形のモチーフを、
シンプルにあみつないだショールです。
ナチュラルカラーを選ぶと、
モチーフの個性が映えます。

モチーフの大きさ／1辺が5cmの六角形
糸／並太タイプのストレートヤーン
あみ方／202ページ
デザイン／河合真弓

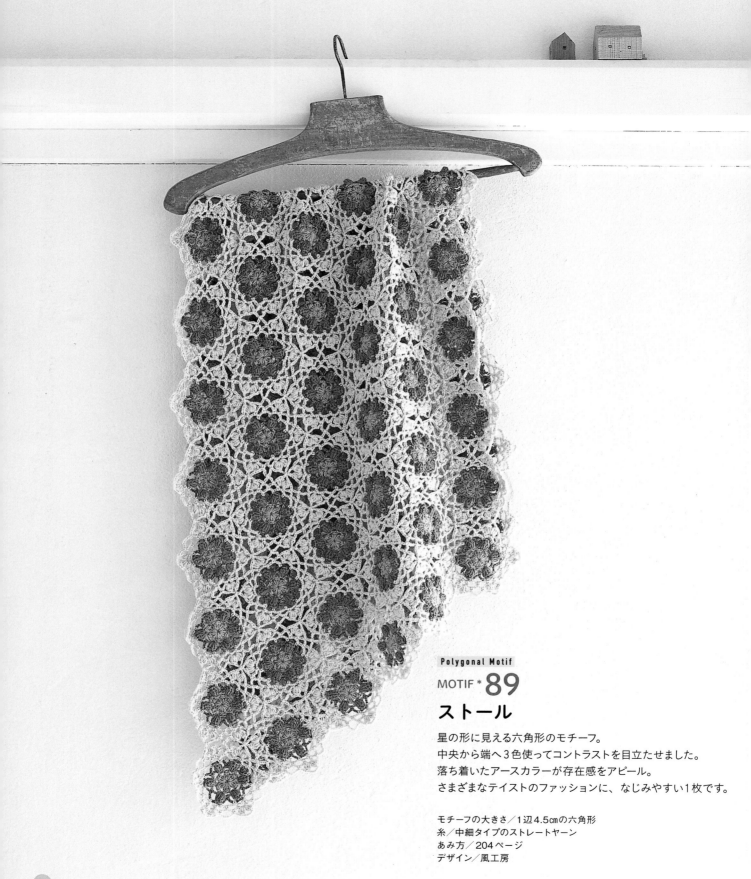

Polygonal Motif

MOTIF * 89

ストール

星の形に見える六角形のモチーフ。
中央から端へ3色使ってコントラストを目立たせました。
落ち着いたアースカラーが存在感をアピール。
さまざまなテイストのファッションに、なじみやすい1枚です。

モチーフの大きさ／1辺4.5cmの六角形
糸／中細タイプのストレートヤーン
あみ方／204ページ
デザイン／風工房

MOTIF * 90

ミニストール

八角形で、8枚の花びらをかたどったモチーフは、
花びらの先端どうしをつなぐことで
特徴的な形がくっきりと映えます。
ピンク系3色でキュートな印象に。

モチーフの大きさ／1辺が2.9cmの八角形
糸／細タイプのモヘアヤーン
あみ方／203ページ
デザイン／河合真弓

Polygonal Motif

MOTIF * 91
変形ミニショール

三角形のモチーフで、大きめのスペアカラー風に使える
ミニショールをデザイン。
シンプルな服のアクセントに、個性がきわ立つ1枚です。

モチーフの大きさ／1辺が12cmの三角形
糸／並太タイプのストレートヤーン
あみ方／206ページ
デザイン／河合真弓

MOTIF * 92
ミニストール

暖色系の3色で、モチーフごとに
色をかえてつなぎます。
マフラーより広い幅にしているので、
ひと巻きでポカポカあたたかです。

モチーフの大きさ／1辺が4.5cmの六角形
糸／合太タイプのストレートヤーン
あみ方／207ページ
デザイン／河合真弓

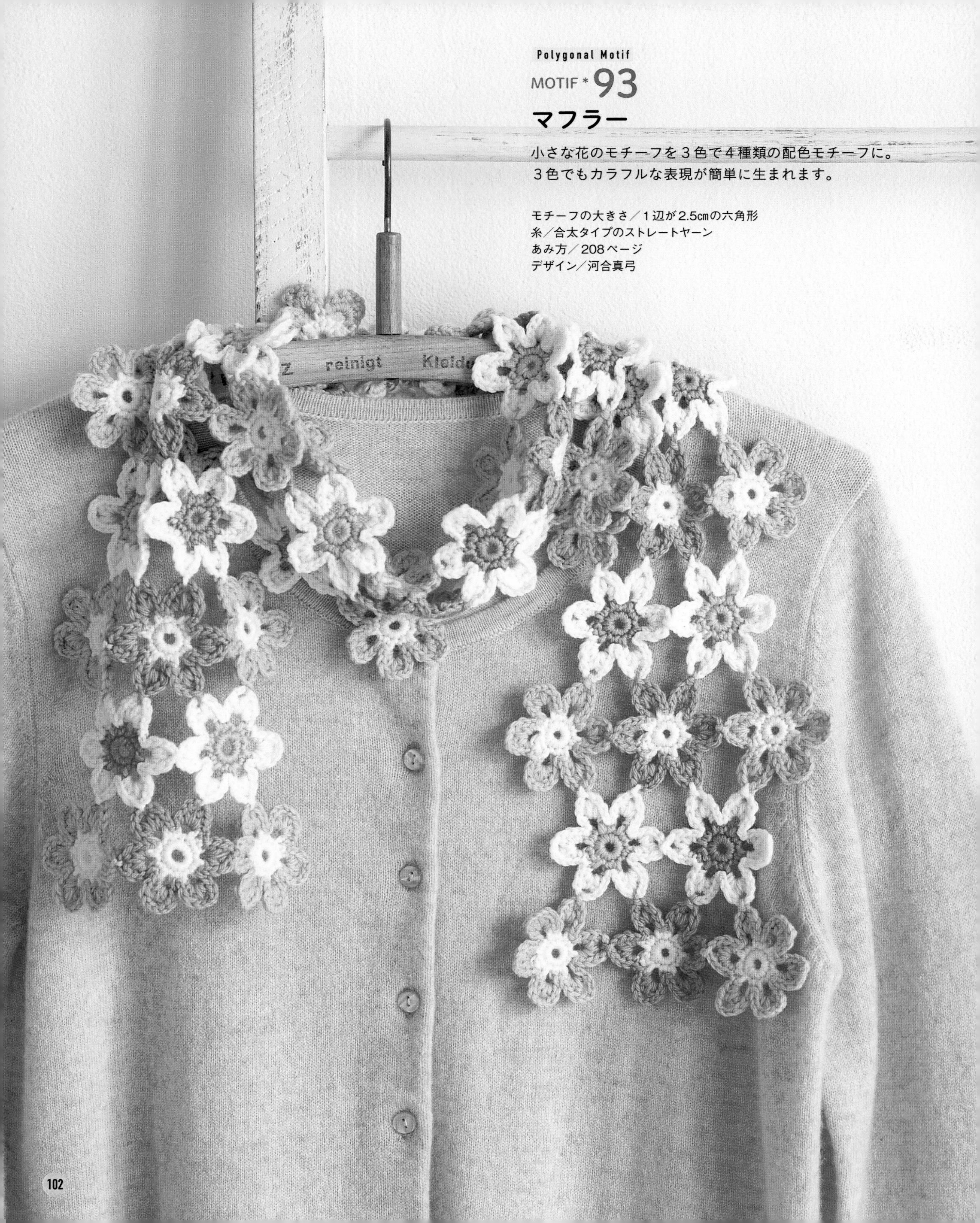

Polygonal Motif

MOTIF * 93

マフラー

小さな花のモチーフを３色で４種類の配色モチーフに。
３色でもカラフルな表現が簡単に生まれます。

モチーフの大きさ／１辺が2.5㎝の六角形
糸／合太タイプのストレートヤーン
あみ方／208ページ
デザイン／河合真弓

Polygonal Motif

MOTIF * 94・95

ミニマフラー

左は3段、右は2段でモチーフが
1枚あめるので、手軽に始められるマフラーです。
周囲に縁あみがないので、つないだら完成するのもうれしいポイント。

モチーフの大きさ／MOTIF＊94（左）…1辺が3.5cmの六角形
　　　　　　　　　　MOTIF＊95（右）…1辺が3.2cmの六角形
糸／合太タイプのストレートヤーン
あみ方／左…210ページ　右…211ページ
デザイン／河合真弓

Polygonal Motif

MOTIF * 96・97
ミニマフラー

左は丸い形を、右は中央の花模様を目立たせたデザインです。
どちらも3段であめるモチーフで、
周囲のピコットの部分でつなぎ合わせます。

モチーフの大きさ／MOTIF＊96（左）…1辺が4cmの六角形
MOTIF＊97（右）…1辺が3.5cmの六角形
糸／中細タイプのストレートヤーン
あみ方／左…212ページ　右…213ページ
デザイン／河合真弓

ミニマフラー

長あみを4目、2目、1目と、1段ごとに減らしていくことで星のような模様を作ります。
かぎ針あみの中でも人気のあるパターン。すっきりしたネットあみと組み合わせることで、星がきれいに浮かび上がります。

モチーフの大きさ／1辺4cmの六角形
糸／中細タイプのストレートヤーン
あみ方／209ページ
デザイン／風工房

MOTIF * **99**

ミニマフラー

ふっくらとした花びらモチーフは、パプコーンあみで立体感を出しました。
サイズは小さくてもビビッドなピンクや赤系の色でまとめているので存在感は十分です。

モチーフの大きさ(大)／1辺2cmの六角形
糸／合太タイプのストレートヤーン
あみ方／216ページ
デザイン／岡本啓子

MOTIF * 100

巾着

小花模様がキュートな巾着は、財布や小物を入れるのに便利な大きさ。
モチーフは、1段めをやわらかいプラスチック製のリングに中長あみをあみつけて始めることで、
大きさがきれいにそろいます。

モチーフの大きさ／1辺約1.8cmの六角形
糸／合太タイプのストレートヤーン
あみ方／214ページ
デザイン／岡本啓子

糸の渡し方

※1枚のモチーフの中で、1段めから3段め、2段めから4段めなど、同じ糸を切らずに続けてあむときのテクニックです。181ページのモチーフで解説しています。

1 1段めをあみ、2段めは指定の配色で立ち上がりのくさりあみを1目あむ。

2 1段めの糸を針にかけ(手前から向こう側に)、2段めの糸を針にかけてくさりあみを1目あむ。

3 1段めの糸が、2段めの途中まで渡った。

4 1段めの糸はそのままにし、2段めの糸で模様の続きをあむ。

5 段の終わりの引き抜きあみをあむときに、2段めの糸を針にかけ(向こう側から手前に)、1段めの糸を針にかけて引き抜く。

6 2段めがあめ、1段めの糸にかわった。

7 3段めをあむ。

8 モチーフがあめた。

左は8の裏側。右は2の動作をしなかったモチーフの裏側(2段めの裏側に1、3段めの糸が見える=★)。左のようにあむと、身につけるときに指に糸が引っかかることもなく、仕上がりもきれい。

↓ モチーフのつなぎ方

※「先につないだモチーフの引き抜きあみにあみつける」場合のつなぎ方です。

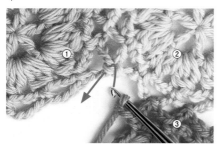

1 モチーフの①と②をあみつないだ部分に、③をつなぐ手前まであみ、矢印のように針を入れ、表側の糸2本をすくう。

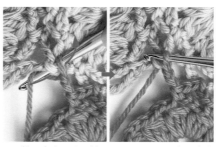

2 針に糸をかけ、針にかかっている2本の糸を一度に引き抜く。引き抜きあみがあめ、モチーフ3枚が同じ位置でつながる。

3 モチーフ③を続けてあむ。

MOTIF*3・4 photo→14ページ ブランケット

MOTIF*3＝A、4＝Bと表記しています

● サイズ　幅105cm　丈52.5cm
● モチーフの大きさ
　A…直径7.5cm　B…直径3.2cm
● 用意するもの
　糸／並太タイプのストレートヤーン
　　　ピンク、濃ピンク各135g、
　　　ホワイト100g
　針／5/0号かぎ針

● あみ方
糸は1本どり。モチーフの配色と枚数を参照し、指定の配色であみます。
① モチーフAは①（1枚め）から番号順にあみます。糸端を輪にする方法で作り目し、あみ方記号図のようにあみます。
② モチーフの②（2枚め）からは、最終段（3段め）で引き抜きあみでつなぎながらあみます。
③ 番号順にモチーフA-a、A-bを全部で98枚あみつなぎます。
④ モチーフAの間に、モチーフBを78枚あみます。Aと同様に作り目し、最終段（2段め）で引き抜きあみでつなぎながらあみます。

全体図
モチーフつなぎ　A98枚　B78枚
※モチーフAの中の数字はモチーフをあんでつなぐ順番

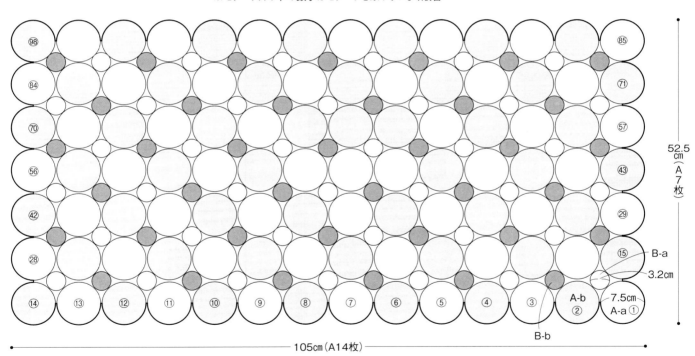

モチーフの配色と枚数

	A		B	
	a　49枚	b　49枚	a　39枚	b　39枚
3段め	ピンク	濃ピンク		
2段め	濃ピンク	ピンク	ピンク	濃ピンク
1段め	ホワイト	ホワイト	ホワイト	ホワイト

次ページに続く→

モチーフのあみ方記号図、モチーフのつなぎ方

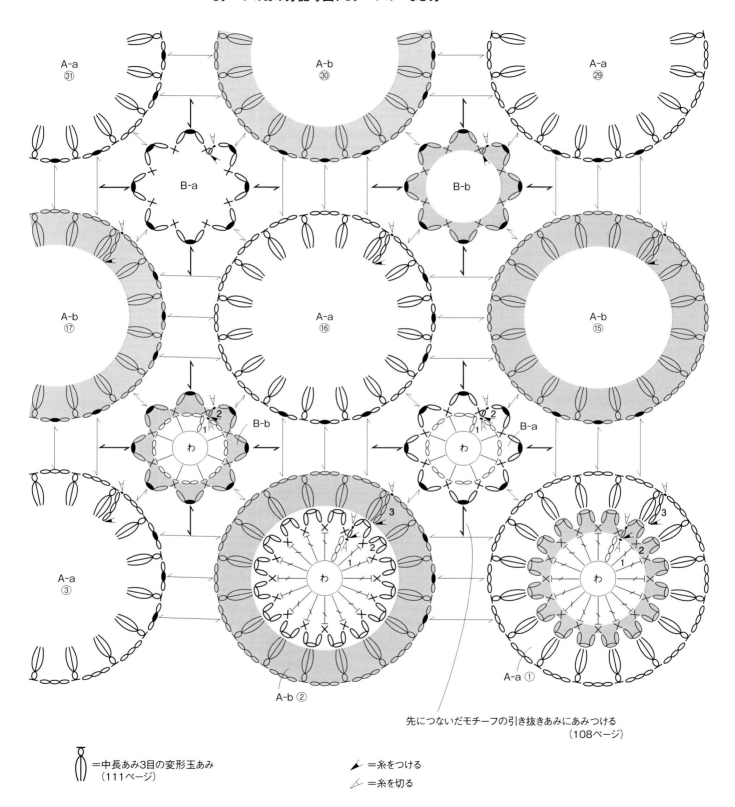

先につないだモチーフの引き抜きあみにあみつける
（108ページ）

=中長あみ3目の変形玉あみ
（111ページ）

=糸をつける

=糸を切る

中長あみ3目の変形玉あみ

※目数がかわる場合も
　同じ要領であむ

1
中長あみ3目の玉あみ
1、2の要領で針に糸を
かけて引き抜く

2
針に糸をかけ、
2ループを一度
に引き抜く

3
でき上がり

MOTIF* **7・8・9・10・11** photo→18ページ　**ひざかけ**

MOTIF*7＝A、8＝B、9＝C、10＝D、11＝Eと表記しています

● サイズ　幅82.5cm　丈59.5cm
● モチーフの大きさ　A〜E＝直径7.5cm
● 用意するもの
糸／合太タイプのストレートヤーン
　　　　ホワイト、ベージュ、茶色、チョコレート色
　　　　各80g、
　　　　ダークブラウン、ピンク、キャメル各40g
針／5/0号かぎ針

● あみ方
糸は1本どり。モチーフの配色と枚数を参照し、指定の
配色であみます。
1　モチーフA、B、C、D、Eは①（1枚め）から番号順
にあみます。糸端を輪にする方法で作り目し、あみ方記
号図のようにあみます。
2　モチーフの②（2枚め）からは、最終段（モチーフA、C、
D、Eは4段め、モチーフBは5段め）で引き抜きあみで
つなぎながらあみます。
3　番号順にモチーフA、B、C、D、Eを全部で95枚あ
みつなぎます。

全体図
モチーフつなぎ　95枚
※モチーフの中の数字はモチーフをあんでつなぐ順番

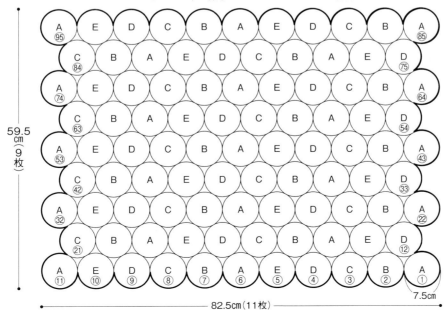

59.5cm（9枚）

82.5cm（11枚）

7.5cm

次ページに続く→ 111

モチーフの配色と枚数

	A 23枚	B 18枚	C 18枚	D 18枚	E 18枚
5段め		ホワイト			
4段め	ホワイト	ベージュ	ホワイト	ホワイト	ホワイト
3段め	チョコレート色	ダークブラウン	茶色	ダークブラウン	キャメル
2段め	ピンク	チョコレート色	茶色	茶色	ベージュ
1段め	ベージュ	ダークブラウン	ピンク	ベージュ	チョコレート色

モチーフのあみ方記号図、モチーフのつなぎ方

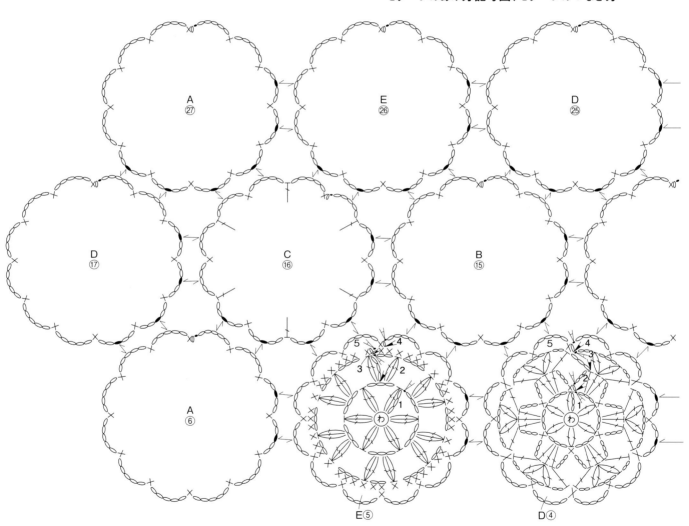

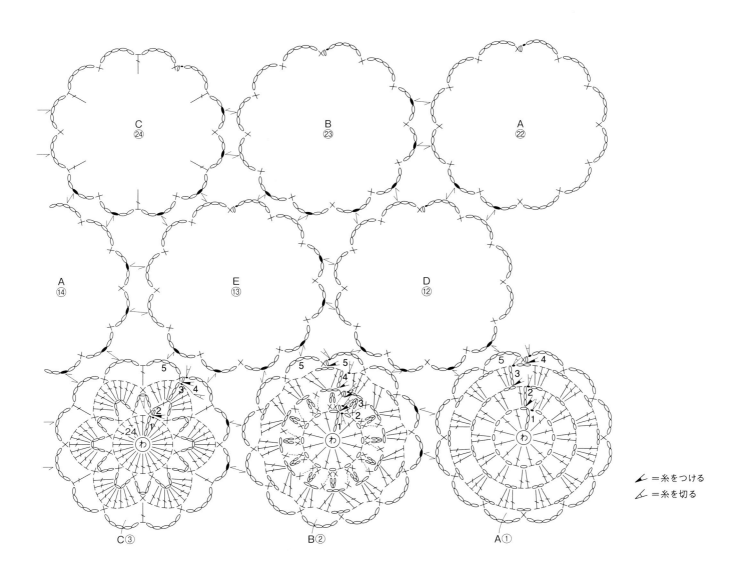

C
㉔

B
㉓

A
㉒

A
⑭

E
⑬

D
⑫

5

3 4

2

24

1

C③

5 5

4

3

2

1

わ

B②

5 4

3

2

1

わ

A①

＝糸をつける

＝糸を切る

MOTIF*1＝A、2＝Bと表記しています

● サイズ　幅35cm　丈161cm
● モチーフの大きさ　A、B…直径7cm
● 用意するもの
糸／合太タイプのストレートヤーン　サーモンピンク300g
針／4/0号かぎ針

● あみ方
糸は1本どりであみます。
1　モチーフA、Bは①（1枚め）から番号順にあみます。糸端を輪にする方法で作り目し、あみ方記号図のようにあみます。
2　モチーフの②（2枚め）からは、最終段（5段め）で引き抜きあみでつなぎながらあみます。
3　番号順にモチーフA、Bを全部で115枚あみつなぎます。

全体図

※モチーフの中の数字はモチーフをあんでつなぐ順番

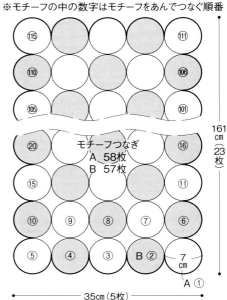

モチーフつなぎ
A　58枚
B　57枚

161cm（23枚）

35cm（5枚）

モチーフのあみ方記号図、モチーフのつなぎ方

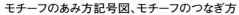

= 4回巻き長あみ（180ページ）
× ＝こまあみのすじあみ（117ページ）
＝こまあみのすじあみ2目あみ入れる
＝糸を切る
引き抜きあみ、長あみは＝前段の同じ目にすじあみであむ

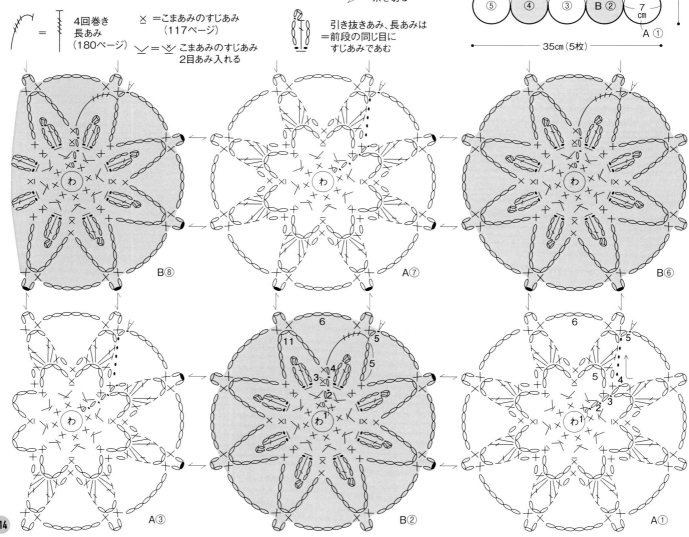

MOTIF*5・6 photo→16ページ ストール

MOTIF*5＝A、6＝Bと表記しています

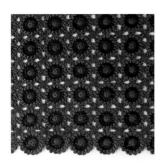

● サイズ　幅104.5cm　丈49.5cm
● モチーフの大きさ
　A…直径5.5cm　B…直径2.2cm
● 用意するもの
糸／中細タイプのストレートヤーン
　　[赤系] オフホワイト100g、
　　　　　赤60g、グレー40g
　　[ブルー系] ネイビー100g、紫60g、
　　　　　　　黒40g
針／3/0号かぎ針

● あみ方
糸は1本どり。モチーフの配色と枚数を参照し、指定の配色であみます。
1 モチーフAは①（1枚め）から番号順にあみます。糸端を輪にする方法で作り目し、あみ方記号図のようにあみます。
2 モチーフの②（2枚め）からは、最終段（3段め）で引き抜きあみでつなぎながらあみます。
3 番号順にモチーフAを99枚あみつなぎます。
4 モチーフBはモチーフAと同様に作り目し、最終段（1段め）でモチーフAの間に全部で88枚、引き抜きあみでつなぎながらあみます。

全体図

モチーフつなぎ　A99枚　B88枚
※モチーフAの中の数字はあんでつなぐ順番

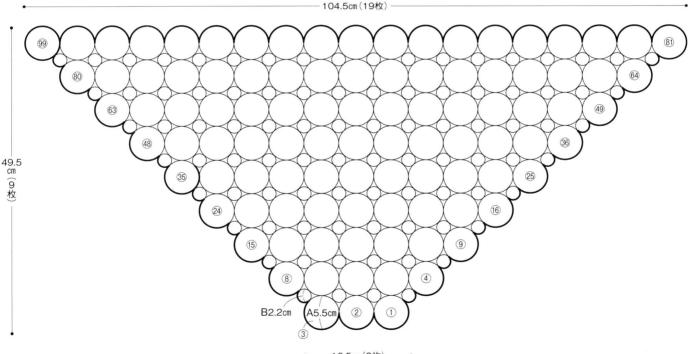

次ページに続く→

モチーフのあみ方記号図、モチーフのつなぎ方

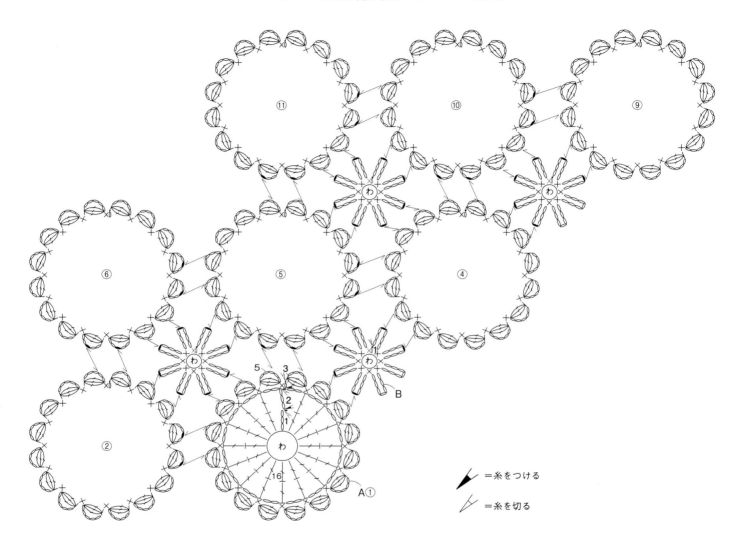

＝糸をつける

＝糸を切る

モチーフの配色と枚数

	[赤系]		[ブルー系]	
	A 99枚	B 88枚	A 99枚	B 88枚
3段め	オフホワイト		ネイビー	
2段め	グレー		黒	
1段め	赤	赤	紫	紫

こまあみのすじあみ ✕

※同じあみ方で往復にあむと「うねあみ」になる

前段の目の向こう側の半目をすくってこまあみをあむ。あみじにすじがたつ

長あみのすじあみ |

※同じあみ方で往復にあむと「うねあみ」になる

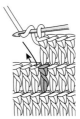

針に糸をかけ、前段の目の向こう側の半目をすくって長あみをあむ。あみじにすじがたつ

MOTIF* 12・13・14　photo→20ページ　ブランケット

MOTIF*12＝B、13＝C、14＝Aと表記しています

- ●サイズ　幅105cm　丈43.5cm
- ●モチーフの大きさ　A、B、C…直径7cm
- ●用意するもの
  糸／中細タイプのストレートヤーン
  　　　生なり65g、紺60g、
  　　　ターコイズブルー50g、淡ブルー45g、
  　　　からし色35g、ブルー30g
  針／3/0号かぎ針

- ●あみ方
  糸は1本どり。モチーフの配色と枚数を参照し、指定の配色であみます。
  1　モチーフA、B、Cは①（1枚め）から番号順にあみます。糸端を輪にする方法で作り目し、あみ方記号図のようにあみます。
  2　モチーフの②（2枚め）からは、最終段（Aは5段め、BとCは4段め）で引き抜きあみでつなぎながらあみます。
  3　番号順にモチーフA、B、Cを全部で102枚あみつなぎます。

全体図

モチーフつなぎ　102枚

※モチーフの中の数字はモチーフをあんでつなぐ順番

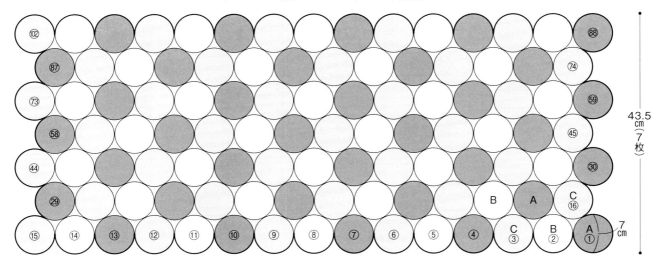

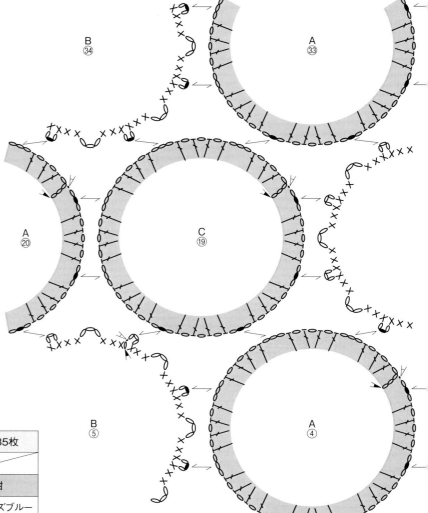

モチーフの配色と枚数

	A　35枚	B　32枚	C　35枚
5段め	紺		
4段め	からし色	ターコイズブルー	紺
3段め	淡ブルー	ブルー	ターコイズブルー
2段め	からし色	生なり	生なり
1段め	生なり	紺	からし色

※Aのからし色は108ページの要領で裏側に糸を渡して続けてあむ

↙ =糸をつける

↙ =糸を切る

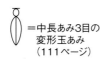 =中長あみ3目の
変形玉あみ
（111ページ）

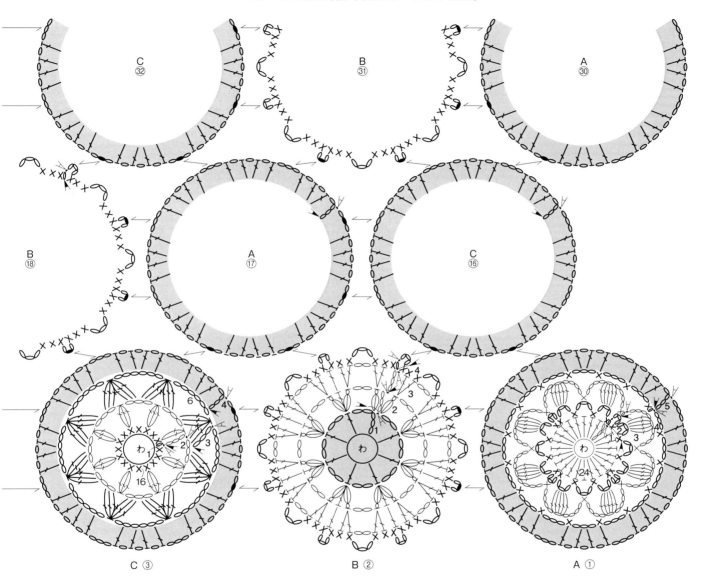

MOTIF*15 photo→22ページ ストール

- ●サイズ　幅112cm　丈64cm
- ●モチーフの大きさ　直径8cm
- ●用意するもの
  糸／中細タイプのストレートヤーン
  　　黒240g、金（ラメ糸）1巻
  針／3/0号かぎ針

- ●あみ方
  糸はモチーフの配色を参照し1、2段めは黒（ストレートヤーン）と金（ラメ糸）の2本どり、3、4段めは黒1本どりであみます。

1　モチーフは①（1枚め）から番号順にあみます。糸端を輪にする方法で作り目し、あみ方記号図のようにあみます。

2　モチーフの②（2枚め）からは、最終段（4段め）で引き抜きあみでつなぎながらあみます。

3　番号順に90枚をあみつなぎます。

全体図

モチーフつなぎ　90枚

※モチーフの中の数字はモチーフをあんでつなぐ順番

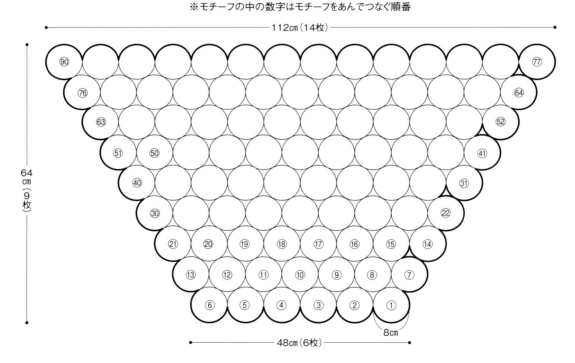

モチーフの配色

3、4段め	黒
1、2段め	黒＋金

※わかりやすいように、図の向きをかえています

モチーフのあみ方記号図、モチーフのつなぎ方

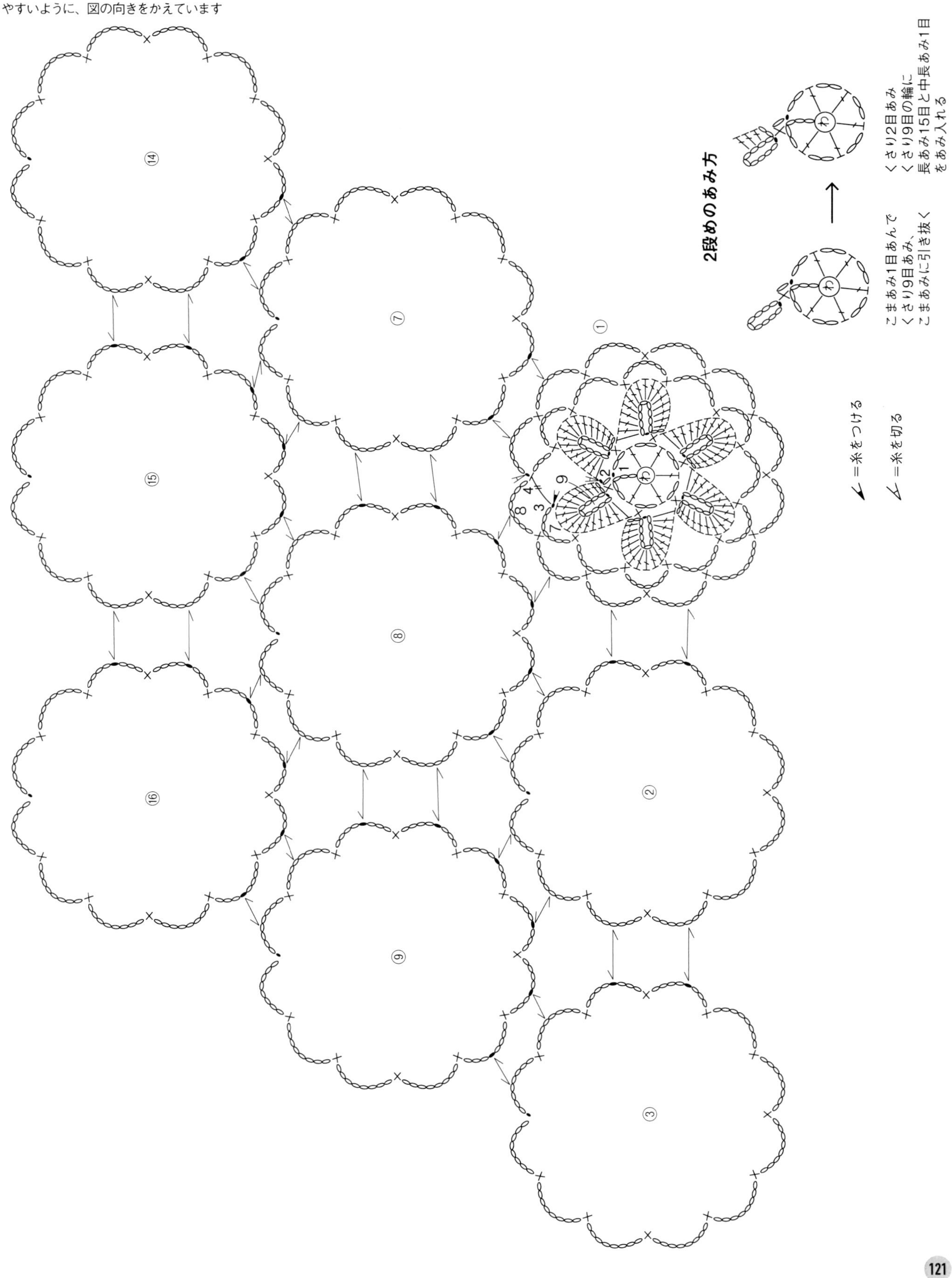

①
②
③
⑦
⑧
⑨
⑭
⑮
⑯
2段めのあみ方
こまあみ1目あんで
くさり9目あみ、
こまあみに引き抜く
くさり2目あみ
くさり9目の輪に
長あみ15目と中長あみ1目
をあみ入れる
＝糸をつける
＝糸を切る

MOTIF* 16・17 photo→23ページ ショール

MOTIF*16＝A、17＝Bと表記しています

●サイズ 幅133cm 丈42cm
●モチーフの大きさ
A…直径7cm B…直径3cm
●用意するもの
糸／中細タイプのストレートヤーン
　　オレンジ色110g、
　　赤茶、黄色各45g
針／3/0号かぎ針

●あみ方
糸は1本どり。モチーフの配色を参照し、指定の配色であみます。

１ モチーフAは①（1枚め）から番号順にあみます。糸端を輪にする方法で作り目し、あみ方記号図のようにあみます。

２ モチーフの②（2枚め）からは、最終段（4段め）で引き抜きあみでつなぎながらあみます。

３ モチーフAを84枚あみつなぎます。

４ モチーフAの間に、モチーフBを70枚あみます。Aと同様に作り目し、最終段（2段め）で引き抜きあみでつなぎながらあみます。

全体図

モチーフつなぎ　A84枚　B70枚

※モチーフAの中の数字はモチーフをあんでつなぐ順番

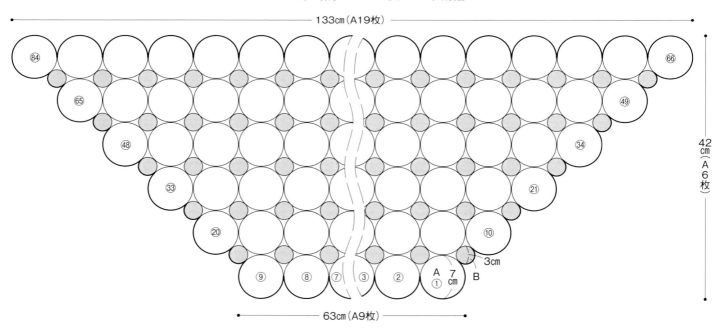

モチーフのあみ方記号図、モチーフのつなぎ方

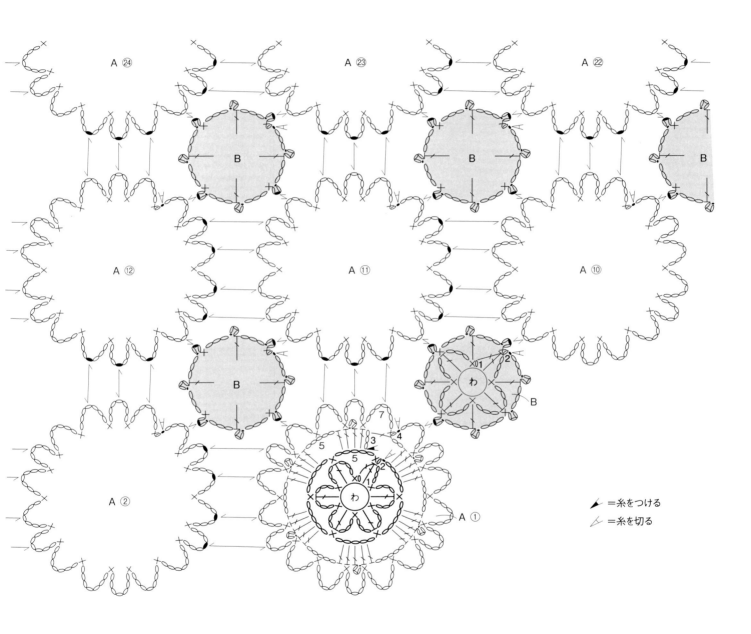

▶ =糸をつける

✕ =糸を切る

モチーフの配色

	A	B
3、4段め	オレンジ色	
1、2段め	赤茶	黄色

●サイズ（モチーフの大きさ）　直径10㎝
●用意するもの
糸／並太タイプのストレートヤーン
　　　[上] グリーン 5g
　　　[中央] ブラウン 5g
　　　[下] からし色 5g
針／5/0号かぎ針

●あみ方
糸は1本どりであみます。
モチーフは糸端を輪にする方法で作り目し、
あみ方記号図のようにあみます。

モチーフのあみ方記号図

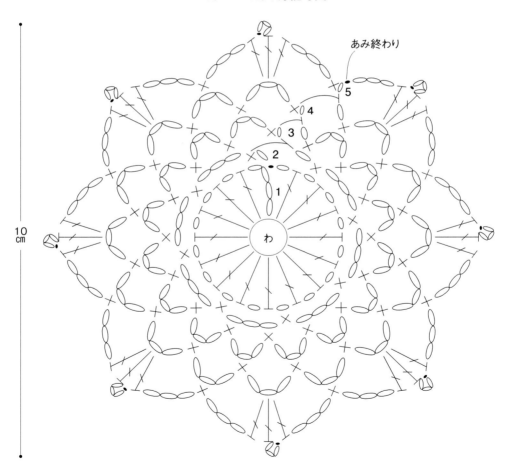

● サイズ　幅120cm　丈35cm
● モチーフの大きさ　直径8cm
● 用意するもの
糸／中細タイプのストレートヤーン
　　　ホワイト100g、ライトベージュ60g
針／3/0号かぎ針

● あみ方
糸は1本どり。モチーフの配色を参照し、指定の配色で
あみます。
1　モチーフは①（1枚め）から番号順にあみます。くさ
りあみを輪にする方法で作り目し、あみ方記号図のよう
にあみます。
2　モチーフの②（2枚め）からは、最終段（3段め）で引き
抜きあみでつなぎながらあみます。
3　番号順に65枚をあみつなぎます。

全体図
モチーフつなぎ　65枚
※モチーフの中の数字はモチーフをあんでつなぐ順番

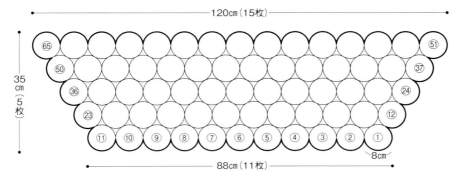

モチーフのあみ方記号図、モチーフのつなぎ方

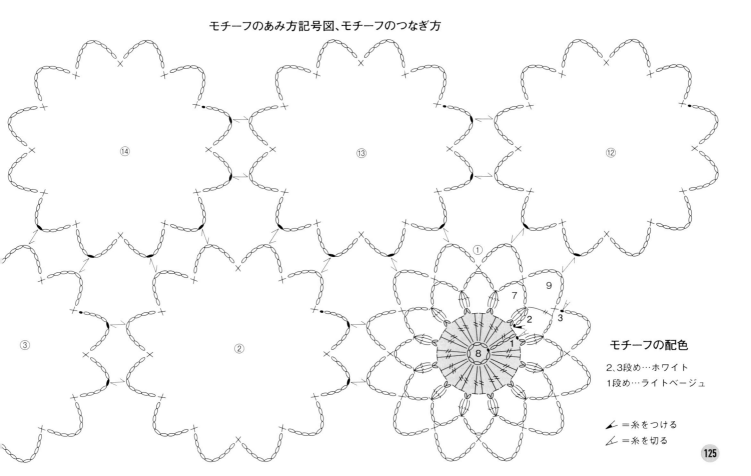

モチーフの配色

2、3段め…ホワイト
1段め…ライトベージュ

↙ =糸をつける
↙ =糸を切る

● サイズ　幅85.5cm　丈57.5cm
● モチーフの大きさ　直径9.5cm
● 用意するもの
糸／中細タイプのストレートヤーン
　　　ベージュ100g、濃赤60g、
　　　黄緑、モスグリーン各少々
針／3/0号かぎ針

● あみ方
糸は1本どり。花のモチーフの配色を参照し、指定の配色であみます。
① 花のモチーフは①（1枚め）から番号順にあみます。くさりあみを輪にする方法で作り目し、あみ方記号図のようにあみます。
② 花のモチーフの②（2枚め）からは、最終段（9段め）で引き抜きあみでつなぎながらあみます。
③ 番号順に42枚をあみつなぎます。
④ 葉のモチーフはくさりあみで作り目をし、あみ方記号図のように指定の色、枚数をあみます。花のモチーフの指定の位置（花びら部分）に重ね、とじつけます。

全体図

モチーフつなぎ　42枚

※モチーフの中の数字はモチーフをあんでつなぐ順番

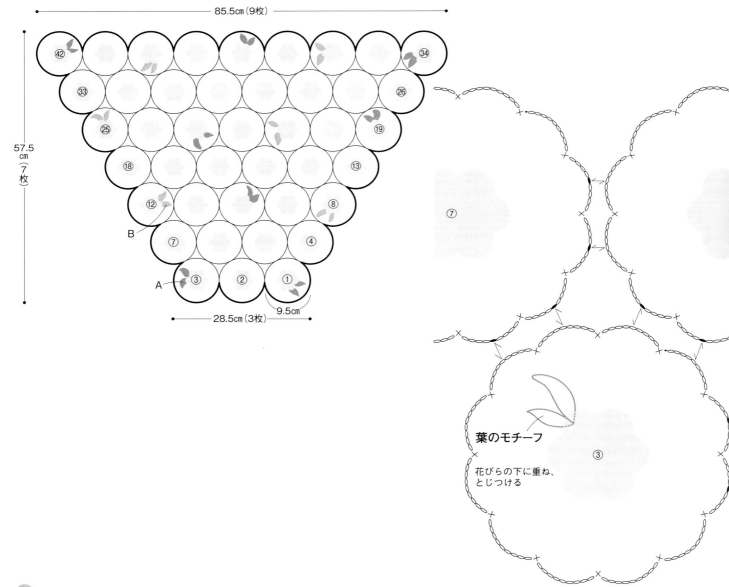

85.5cm（9枚）

57.5cm（7枚）

28.5cm（3枚）

9.5cm

⑦

葉のモチーフ
花びらの下に重ね、とじつける

③

モチーフ内の数字：㊷ ㉝ ㉕ ⑱ ⑫ B ⑦ A ③ ② ① ④ ⑧ ⑬ ⑲ ㉖ ㉞

葉のモチーフの配色と枚数、あみ方記号図

A＝モスグリーン　8枚
B＝黄緑　　　　　6枚

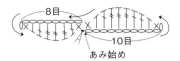

8目

10目

あみ始め

花のモチーフのあみ方記号図、モチーフのつなぎ方

⑥

⑤

④

②

①

9
8
7
6
5
4
3
2
1

花のモチーフの配色

4〜9段め…ベージュ
1〜3段め…濃赤

⊁ ＝2段めの中長あみの柱に
裏引き上げこまあみ

✎ ＝糸をつける
✎ ＝糸を切る

MOTIF* 19・20　photo→25ページ　ストール

MOTIF*19＝A、20＝Bと表記しています

●サイズ　幅119cm　丈25.5cm
●モチーフの大きさ
A…直径8.5cm　B…直径5.5cm
●用意するもの
糸／中細タイプのストレートヤーン
　　ベージュ120g、ピンク60g
針／3/0号かぎ針

●あみ方
糸は1本どり。モチーフの配色を参照し、指定の配色であみます。
① モチーフAは①（1枚め）から番号順にあみます。糸端を輪にする方法で作り目し、あみ方記号図のようにあみます。
② モチーフの②（2枚め）からは、最終段（4段め）で引き抜きあみでつなぎながらあみます。
③ 番号順に42枚をあみつなぎます。
④ モチーフBはモチーフAと同様に作り目し、最終段（3段め）でモチーフAの間に全部で26枚、引き抜きあみでつなぎながらあみます。

全体図　モチーフつなぎ　A 42枚　B 26枚

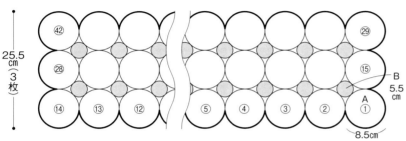

25.5cm（3枚）

119cm（14枚）

5.5cm

8.5cm

モチーフの配色

A
3、4段め＝ベージュ
1、2段め＝ピンク

B ピンク

※モチーフAの中の数字はモチーフをあんでつなぐ順番

モチーフのあみ方記号図、モチーフのつなぎ方

↘ ＝糸をつける
↗ ＝糸を切る
← ＝先につないだモチーフの
　　引き抜きあみに
　　あみつける（108ページ）

MOTIF* 22 photo→27ページ ストール

- ●サイズ　幅117cm　丈39.5cm
- ●モチーフの大きさ　直径9cm
- ●用意するもの
  - 糸／中細タイプのストレートヤーン
  - 生なり120g、ベージュ55g
  - 針／3/0号かぎ針

- ●あみ方
  - 糸は1本どり。モチーフの配色を参照し、指定の配色であみます。
  - **1**　モチーフは①（1枚め）から番号順にあみます。糸端を輪にする方法で作り目し、あみ方記号図のようにあみます。
  - **2**　モチーフの②（2枚め）からは、最終段（4段め）で引き抜きあみでつなぎながらあみます。
  - **3**　番号順に55枚をあみつなぎます。

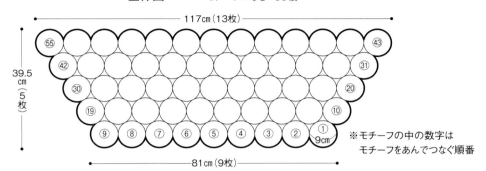

全体図　　モチーフつなぎ　55枚

※モチーフの中の数字は
モチーフをあんでつなぐ順番

モチーフのあみ方記号図、モチーフのつなぎ方

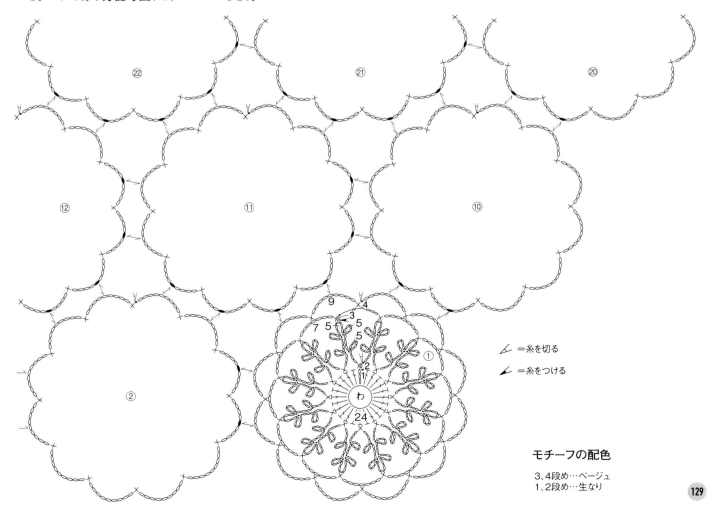

✎ =糸を切る
✎ =糸をつける

モチーフの配色

3、4段め…ベージュ
1、2段め…生なり

MOTIF* 23 photo→28ページ マフラー

- ●サイズ　幅17cm　長さ144.5cm
- ●モチーフの大きさ　直径8.5cm
- ●用意するもの

糸／並太タイプのストレートヤーン
[左・淡ブルー系] 淡ブルー90g、
ブルーグレー50g
[右・濃ブルー系] 濃ブルー90g、
ブルー50g
針／5/0号かぎ針

- ●あみ方

糸は1本どり。モチーフの配色を参照し、指定の配色で
あみます。

1 モチーフは①（1枚め）から番号順にあみます。糸端
を輪にする方法で作り目し、あみ方記号図のようにあみ
ます。

2 モチーフの②（2枚め）からは、最終段（5段め）で引
き抜きあみでつなぎながらあみます。

3 番号順に34枚をあみつなぎます。

全体図

モチーフつなぎ　34枚

※モチーフの中の数字は
モチーフをあんでつなぐ順番

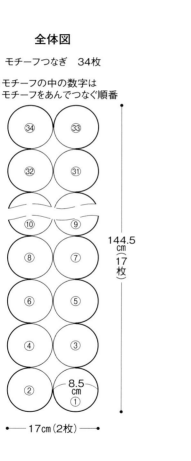

モチーフの配色

	[淡ブルー系]	[濃ブルー系]
4、5段め	淡ブルー	濃ブルー
2、3段め	ブルーグレー	ブルー
1段め	淡ブルー	濃ブルー

※淡ブルー、濃ブルーは108ページの
要領で裏側に糸を渡して続けてあむ

モチーフのあみ方記号図、モチーフのつなぎ方

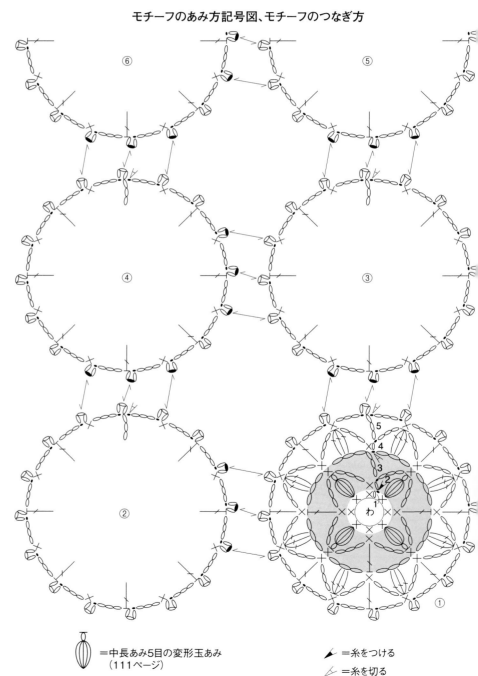

⬭ ＝中長あみ5目の変形玉あみ
（111ページ）

↙ ＝糸をつける

↙ ＝糸を切る

MOTIF* 27 photo→32ページ ミニマフラー

- ●サイズ　幅10.5cm　長さ91cm
- ●モチーフの大きさ　直径3.5cm
- ●用意するもの
  糸／並太タイプのストレートヤーン
  　　ダークグレー80g、ライトグレー40g、
  　　オフホワイト20g
  針／5/0号かぎ針

- ●あみ方
  糸は1本どり。モチーフの配色と枚数を参照し、指定の配色であみます。
  1　モチーフA、B、Cは①（1枚め）から番号順にあみます。糸端を輪にする方法で作り目し、あみ方記号図のようにあみます。
  2　モチーフの②（2枚め）からは、最終段（2段め）で針を入れかえてくさりあみでつなぎながらあみます。
  3　番号順にモチーフA、B、Cを全部で78枚あみつなぎます。

全体図

モチーフつなぎ　78枚

※モチーフの中の数字はモチーフをあんでつなぐ順番

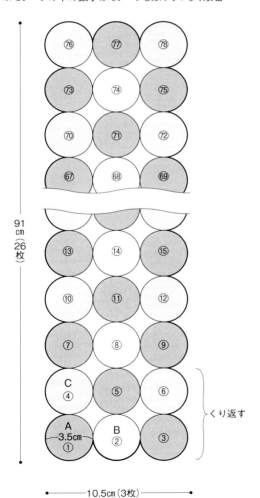

91cm（26枚）

10.5cm（3枚）

くり返す

モチーフのあみ方記号図、モチーフのつなぎ方

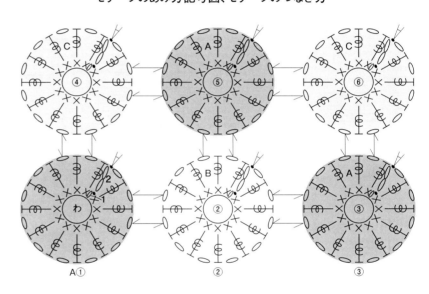

= 5回巻き
コイルあみ

針に糸を5回巻き、
一度に引き抜く

= 糸を切る

モチーフの配色と枚数

A 39枚	B 13枚	C 26枚
ダークグレー	オフホワイト	ライトグレー

MOTIF* 24・25 photo→29ページ　マフラー

MOTIF*24＝B、25＝Aと表記しています

●サイズ　幅19cm　長さ140cm
●モチーフの大きさ
A、B…直径7cm
●用意するもの
糸／細タイプのモヘアヤーン
　　ホワイト、オレンジ色各20g、
　　ブルー、紫、淡オレンジ、グリーン各15g、
　　ピンク10g
針／4/0号かぎ針

●あみ方
糸は1本どり。モチーフの配色と枚数を参照し、指定の配色であみます。
1　モチーフA、Bは①（1枚め）から番号順にあみます。くさりあみを輪にする方法で作り目し、あみ方記号図のようにあみます。
2　モチーフの②（2枚め）からは、最終段（Aは4段め、Bは3段め）で引き抜きあみでつなぎながらあみます。
3　番号順にモチーフA-a、A-b、A-c、B-a、B-b、B-c を全部で58枚あみつなぎます。

全体図

モチーフつなぎ　58枚
※モチーフの中の数字はモチーフをあんでつなぐ順番

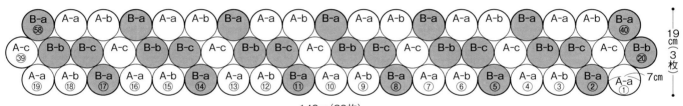

19cm（3枚）
7cm
140cm（20枚）

モチーフの配色と枚数

	A			B		
	a　13枚	b　12枚	c　7枚	a　13枚	b　7枚	c　6枚
4段め	紫	ブルー	グリーン			
2、3段め	紫	ブルー	グリーン	オレンジ色	淡オレンジ	ピンク
1段め	ホワイト	ホワイト	ホワイト	ホワイト	ホワイト	ホワイト

モチーフのあみ方記号図、モチーフのつなぎ方

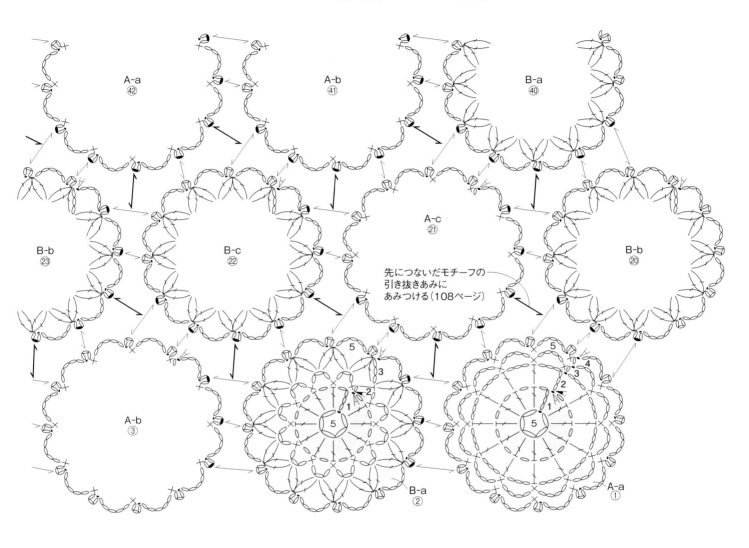

✎ =糸をつける
✎ =糸を切る

A-a ㊷
A-b ㊶
B-a ㊵
B-b ㉓
B-c ㉒
A-c ㉑
B-b ⑳
A-b ③
B-a ②
A-a ①

先につないだモチーフの
引き抜きあみに
あみつける(108ページ)

⊕ くさりあみ3目のピコット（くさりあみにあみつける場合）

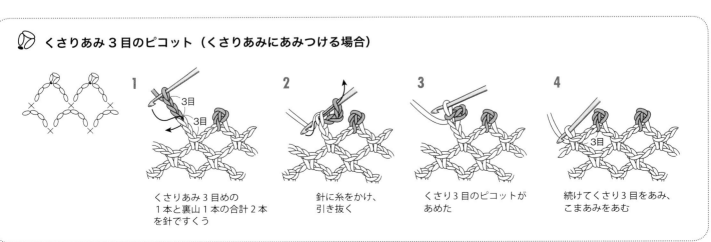

1 くさりあみ3目めの
1本と裏山1本の合計2本
を針ですくう

2 針に糸をかけ、
引き抜く

3 くさり3目のピコットが
あめた

4 続けてくさり3目をあみ、
こまあみをあむ

ミニマフラー

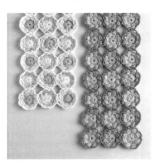

- ●サイズ　幅10.5cm　長さ77cm
- ●モチーフの大きさ　直径3.5cm
- ●用意するもの

糸／中細タイプのストレートヤーン
[左・パステル系] 淡ブルー20g、
淡ピンク、イエロー、
オフホワイト各10g
[右・ダーク系] 濃ピンク20g、黄緑、
淡ブルー、ラベンダー各10g
針／3/0号かぎ針

●あみ方

糸は1本どり。モチーフの配色と枚数を参照し、指定の配色であみます。

1 モチーフA、Bは①（1枚め）から番号順にあみます。糸端を輪にする方法で作り目し、あみ方記号図のようにあみます。

2 モチーフの②（2枚め）からは、最終段（3段め）で引き抜きあみでつなぎながらあみます。

3 番号順にモチーフA、Bを全部で66枚あみつなぎます。

全体図

モチーフつなぎ　66枚

※モチーフの中の数字はモチーフを
　あんでつなぐ順番

モチーフの配色と枚数

	作品	A 33枚	B 33枚
3段め	パステル系	オフホワイト	オフホワイト
	ダーク系	黄緑	黄緑
2段め	パステル系	淡ピンク	淡ブルー
	ダーク系	濃ピンク	ラベンダー
1段め	パステル系	淡ブルー	イエロー
	ダーク系	淡ブルー	濃ピンク

77cm（22枚）

3.5cm

10.5cm（3枚）

モチーフのあみ方記号図、モチーフのつなぎ方

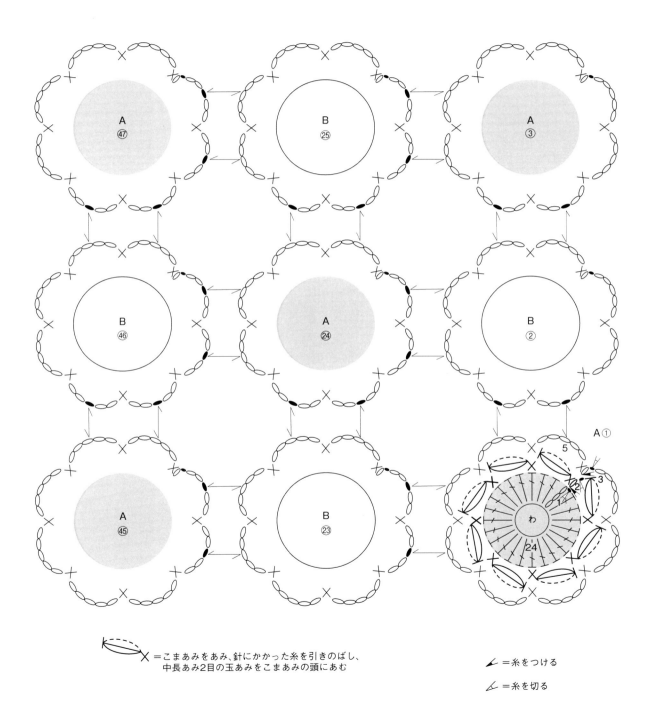

✕ =こまあみをあみ、針にかかった糸を引きのばし、
　中長あみ2目の玉あみをこまあみの頭にあむ

∠ =糸をつける

∠ =糸を切る

MOTIF*28＝A、29＝Bと表記しています

● サイズ 幅13cm 長さ104cm
● モチーフの大きさ
　A…直径6.5cm B…直径2.5cm
● 用意するもの
糸／合太タイプのストレートヤーン
　　赤40g、ピンク20g、黒15g、
　　オフホワイト、キャメル、
　　ライムグリーン、グリーン、
　　濃グリーン各10g
針／5/0号かぎ針

● あみ方
糸は1本どり。モチーフの配色と枚数を参照し、指定の配色であみます。
1 モチーフAは①（1枚め）から番号順にあみます。糸端を輪にする方法で作り目し、あみ方記号図のようにあみます。
2 モチーフAの②（2枚め）からは、最終段（6段め）で引き抜きあみでつなぎながらあみます。
3 番号順にモチーフA-1、A-2、A-3、A-4、A-5、A-6を全部で32枚あみつなぎます。
4 モチーフAの間にモチーフBを15枚あみます。Aと同様に作り目し、最終段（3段め）で引き抜きあみでつなぎながらあみます。

全体図

モチーフつなぎ　A32枚　B15枚
※モチーフAの中の数字はあんでつなぐ順番

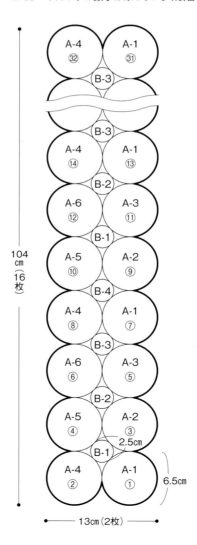

モチーフのあみ方記号図、モチーフのつなぎ方

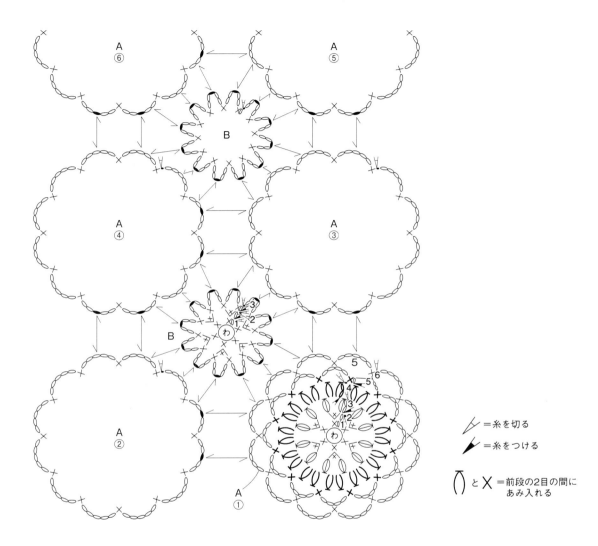

= 糸を切る

= 糸をつける

)(と X = 前段の2目の間に
あみ入れる

モチーフの配色と枚数

モチーフA

	A-1（6枚）	A-2（5枚）	A-3（5枚）	A-4（6枚）	A-5（5枚）	A-6（5枚）
5、6段め	赤	赤	赤	赤	赤	赤
4段め	黒	濃グリーン	キャメル	グリーン	黒	ピンク
3段め	ライムグリーン	グリーン	オフホワイト	ピンク	キャメル	濃グリーン
1、2段め	オフホワイト	ライムグリーン	ピンク	黒	濃グリーン	オフホワイト

モチーフB

	B-1（4枚）	B-2（4枚）	B-3（4枚）	B-4（3枚）
3段め	赤	赤	赤	赤
2段め	キャメル	黒	ライムグリーン	グリーン
1段め	オフホワイト	ピンク	濃グリーン	黒

●サイズ（持ち手を除く）　幅25cm　深さ30.5cm
●モチーフの大きさ　直径5cm
●用意するもの
糸／合太タイプのストレートヤーン
　　黒、グリーン各40g、
　　赤、キャメル、ライムグリーン、
　　ピンク、ブルー各20g、
　　オフホワイト、ブラウン、濃グリーン各10g
針／4/0号、5/0号かぎ針
付属品／中袋用コットン28×55cm
　　　　幅1.5×長さ40cmの革の持ち手 黒1組

●あみ方
糸は1本どり。モチーフの配色と枚数を参照し、指定の
配色であみます。
1 モチーフA〜Hは①（1枚め）から番号順にあみます。
糸端を輪にする方法で作り目し、あみ方記号図のように
あみます。
2 モチーフの②（2枚め）からは、最終段（3段め）で引
き抜きあみでつなぎながらあみます。
3 番号順にモチーフA〜Hを全部で70枚あみつなぎ
ます。
4 中袋を作ってモチーフの中に入れ、入れ口をまつり
ます。持ち手を裏側にとじつけます。

全体図
側面
モチーフつなぎ　70枚
※モチーフの中の数字はモチーフをあんでつなぐ順番
※●★＝合印どうしをつなぎながらあむ

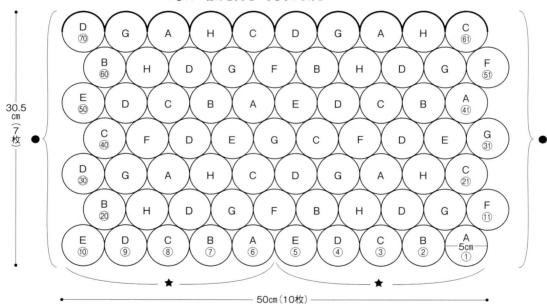

モチーフの配色と枚数

※1、2段めは4/0号針、3段めは5/0号針であむ

	A 8枚	B 8枚	C 10枚	D 14枚	E 6枚	F 6枚	G 10枚	H 8枚
3段め	黒	黒	黒	黒	黒	黒	黒	黒
2段め	ピンク	ブルー	グリーン	赤	ライムグリーン	ブラウン	キャメル	濃グリーン
1段め	グリーン	オフホワイト	赤	ライムグリーン	ブルー	ピンク	グリーン	キャメル

モチーフのあみ方記号図、モチーフのつなぎ方

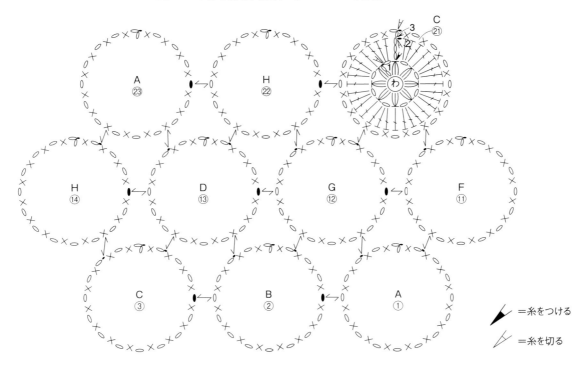

=糸をつける

=糸を切る

仕上げ方

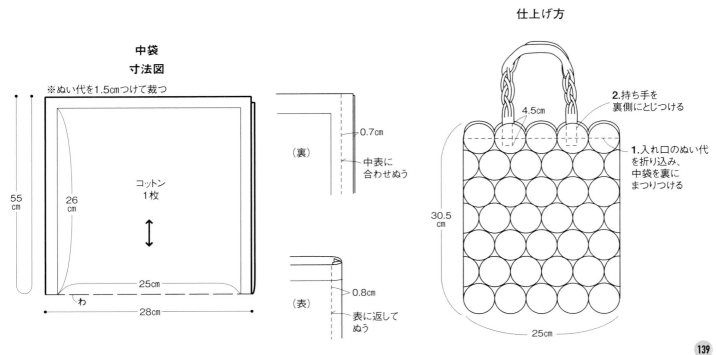

中袋
寸法図

※ぬい代を1.5cmつけて裁つ

コットン
1枚

55cm

26cm

25cm

わ

28cm

（裏）

0.7cm

中表に
合わせぬう

（表）

0.8cm

表に返して
ぬう

4.5cm

30.5cm

25cm

2.持ち手を
裏側にとじつける

1.入れ口のぬい代
を折り込み、
中袋を裏に
まつりつける

全体図

側面
モチーフつなぎ　35枚

※モチーフの中の数字はモチーフをあんでつなぐ順番

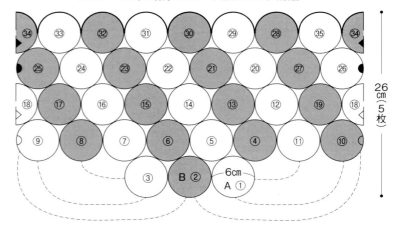

26cm（5枚）

48cm（8枚）

●サイズ（持ち手を除く）　幅24cm　深さ26cm
●モチーフの大きさ　直径6cm
●用意するもの
糸／並太タイプのストレートヤーン
　　　ネイビー80g、
　　　淡ブルー、ブルー、ブルーグレー各25g
針／5/0号かぎ針

●あみ方
糸は1本どり。モチーフの配色と枚数を参照し、指定の
配色であみます。
① 　側面のモチーフA、Bは①（1枚め）から番号順にあみ
ます。糸端を輪にする方法で作り目し、あみ方記号図の
ようにあみます。
② 　モチーフの②（2枚め）からは、最終段（6段め）で引き
抜きあみでつなぎながらあみます。
③ 　番号順に35枚をあみつなぎます。
④ 　持ち手は、くさりあみで65目を作り目し、こまあみ
で増減なく4段をあみます。同じものを2本あみます。
⑤ 　入れ口の裏側に持ち手をとじつけます。

合印。
続けて
輪にあむ

モチーフの配色と枚数

	A　18枚	B　17枚
4～6段め	ネイビー	ネイビー
3段め	ブルーグレー	ブルー
1、2段め	淡ブルー	淡ブルー

仕上げ方

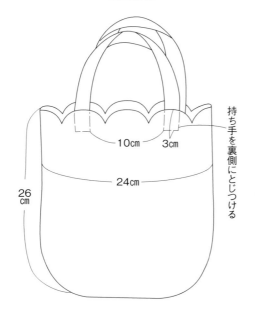

10cm　3cm

24cm

26cm

持ち手を裏側にとじつける

持ち手のあみ方記号図

ネイビー　2本

こま
あみ

あみ始め

35cm
（くさりあみ65目）作る

2cm（4段）

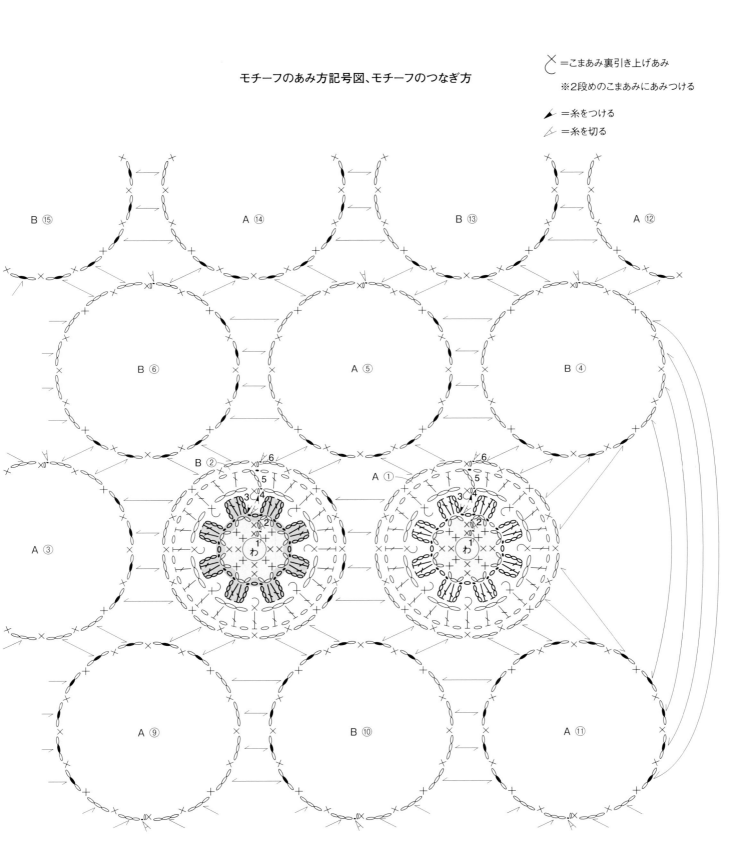

モチーフのあみ方記号図、モチーフのつなぎ方

✕ =こまあみ裏引き上げあみ

※2段めのこまあみにあみつける

▶ =糸をつける

╱ =糸を切る

B ⑮   A ⑭   B ⑬   A ⑫

B ⑥   A ⑤   B ④

B ②   A ①

A ③

A ⑨   B ⑩   A ⑪

141

全体図

側面
モチーフつなぎ　33枚
※モチーフの中の数字はモチーフをあんでつなぐ順番

合印。
続けて
輪にあむ

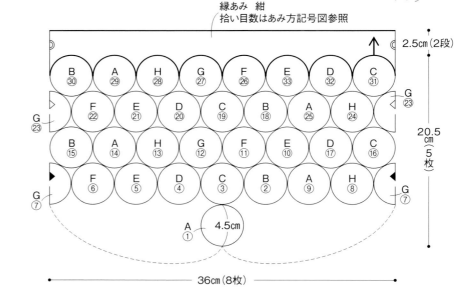

縁あみ　紺
拾い目数はあみ方記号図参照

2.5cm（2段）

| B (30) | A (29) | H (28) | G (27) | F (26) | E (33) | D (32) | C (31) |

G (23)

| F (22) | E (21) | D (20) | C (19) | B (18) | A (25) | H (24) |

G (23)

20.5cm（5枚）

| B (15) | A (14) | H (13) | G (12) | F (11) | E (10) | D (17) | C (16) |

| F (6) | E (5) | D (4) | C (3) | B (2) | A (9) | H (8) |

G (7)

G (7)

A (1)　4.5cm

36cm（8枚）

● サイズ（ひもを除く）
幅18cm　深さ約20cm
● モチーフの大きさ　直径4.5cm
● 用意するもの
糸／合太タイプのストレートヤーン
　　紺30g、ピンク、濃ピンク、
　　コーラルピンク、グリーン、
　　ブルー、黄色、青紫各15g
針／5/0号かぎ針

● あみ方
糸は1本どり。モチーフの配色を参照し、
指定の配色であみます。
1　側面のモチーフは①（1枚め）から番号
順にあみます。糸端を輪にする方法で作
り目し、あみ方記号図のようにあみます。
2　モチーフの②（2枚め）からは、最終
段（3段め）で引き抜きあみでつなぎなが
らあみます。
3　番号順に33枚をあみつなぎます。
4　入れ口に縁あみを2段あみます。
5　ひもを2本あみます。
6　ひもを指定の位置に通し、ひも先の
飾りをあみます。

仕上げ方

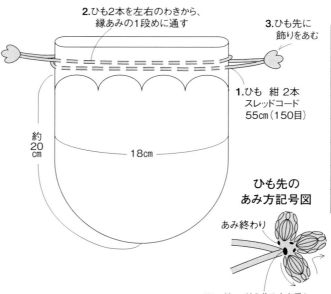

2.ひも2本を左右のわきから、
　縁あみの1段めに通す

3.ひも先に
飾りをあむ

1.ひも　紺　2本
スレッドコード
55cm（150目）

約20cm

18cm

ひも先の
あみ方記号図

あみ終わり

スレッドコードの先2本を重ね、
スレッドコード（糸玉側）の糸で続けてあむ

モチーフの配色

A	紺
B	濃ピンク
C	青紫
D	コーラルピンク
E	ブルー
F	黄色
G	グリーン
H	ピンク

＝中長あみ5目の
変形玉あみ
（111ページ）

スレッドコードのあみ方

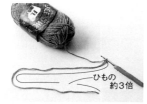

1　糸端側は、ひもの約3倍（165cm）
の長さを残し、くさりあみで作
り目する。

ひもの
約3倍

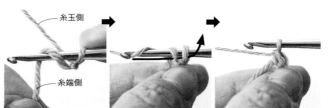

糸玉側

糸端側

2　糸玉側の糸を左手の人さし指にかける。糸端側の糸を針の手前から向こう側
にかけ、糸玉側の糸をかけて一度に引き抜く。1目あめた（糸端側の糸がゆる
んでいたら、軽く引いて目をととのえる）。

3　2をくり返し、55cmの長さ（目安
は150目）まであむ。

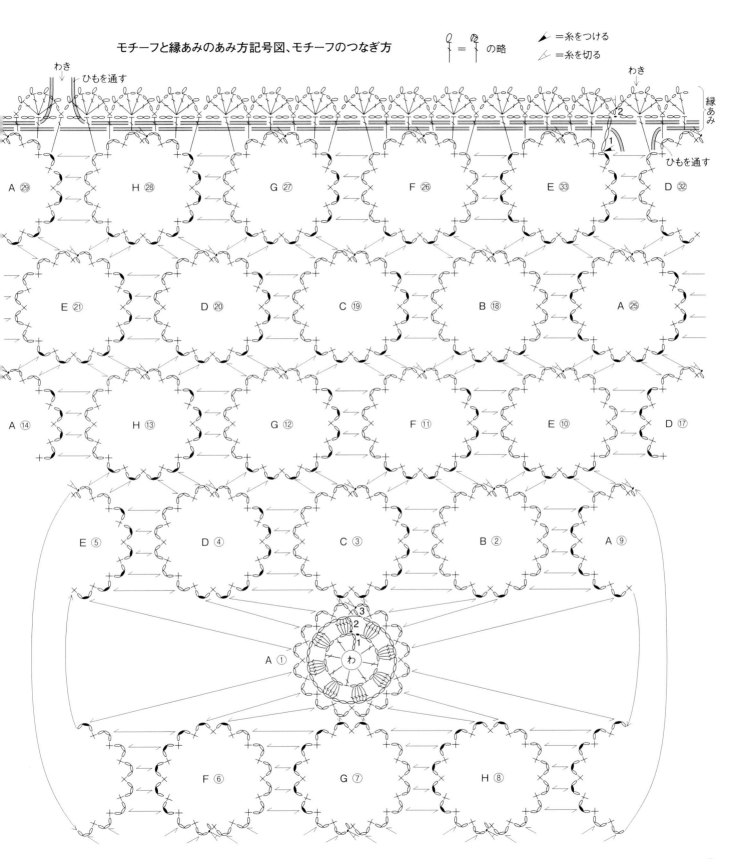

モチーフと縁あみのあみ方記号図、モチーフのつなぎ方

MOTIF*30・31・32 photo→34ページ　マフラー

MOTIF*30＝B、31＝A、32＝Cと表記しています

- ●サイズ（約）　幅16cm　長さ133cm
- ●モチーフの大きさ
- A、B…直径6.5cm
- C…直径2.8cm
- ●用意するもの
- 糸／合太タイプのストレートヤーン
  - モスグリーン35g、こげ茶、濃グリーン各30g、
  - グリーン、黄緑各20g
- 針／4/0号かぎ針

- ●あみ方　糸は1本どり。モチーフの配色と枚数を参照し、指定の配色であみます。
- ① モチーフA、Bは①（1枚め）から番号順にあみます。糸端を輪にする方法で作り目し、あみ方記号図のようにあみます。
- ② モチーフの②（2枚め）からは、最終段（4段め）で引き抜きあみでつなぎながらあみます。
- ③ 番号順にモチーフA、Bを全部で40枚あみつなぎます。
- ④ モチーフA、Bの間と外側に、モチーフCを59枚あみます。A、Bと同様に作り目し、最終段（2段め）で引き抜きあみでつなぎながらあみます。

全体図

モチーフつなぎ
A、B 40枚
C 59枚

※モチーフA、Bの中の数字は
モチーフをあんでつなぐ順番

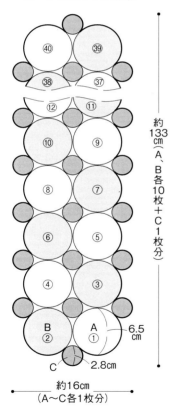

約133cm（A、B各10枚＋C1枚分）

6.5cm

2.8cm

約16cm
（A〜C各1枚分）

モチーフのあみ方記号図、モチーフのつなぎ方

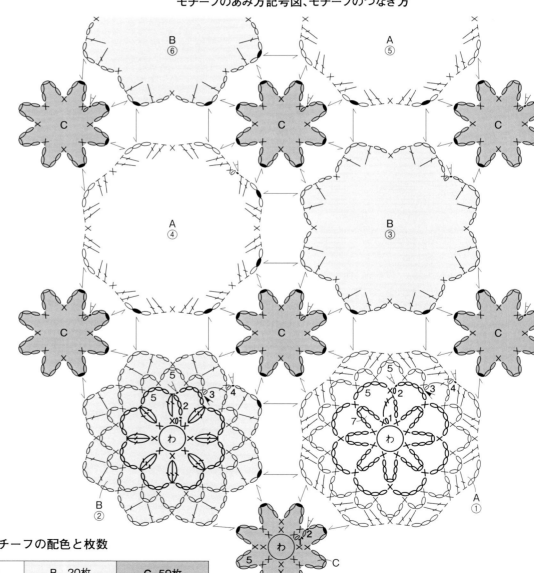

↗ ＝糸をつける
↘ ＝糸を切る

モチーフの配色と枚数

	A　20枚	B　20枚	C　59枚
3、4段め	モスグリーン	濃グリーン	
1、2段め	黄緑	グリーン	こげ茶

MOTIF* 33 photo → 35ページ ミニマフラー

● サイズ　幅約14cm　長さ110cm
● モチーフの大きさ　直径5cm
● 用意するもの
糸／中細タイプのストレートヤーン
　[左・えんじ系] えんじ50g、濃紫40g
　[右・赤系] 赤50g、こげ茶40g
針／3/0号かぎ針

● あみ方
糸は1本どり。モチーフの配色を参照し、指定の配色で
あみます。
1　モチーフは①(1枚め)から番号順にあみます。糸端を
輪にする方法で作り目し、あみ方記号図のようにあみます。
2　モチーフの②(2枚め)からは、最終段(3段め)で引き
抜きあみでつなぎながらあみます。
3　番号順に66枚をあみつなぎます。

全体図
モチーフつなぎ　66枚
※モチーフの中の数字はモチーフをあんでつなぐ順番

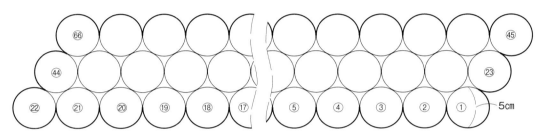

約14cm(3枚)

5cm

110cm(22枚)

モチーフのあみ方記号図、モチーフのつなぎ方

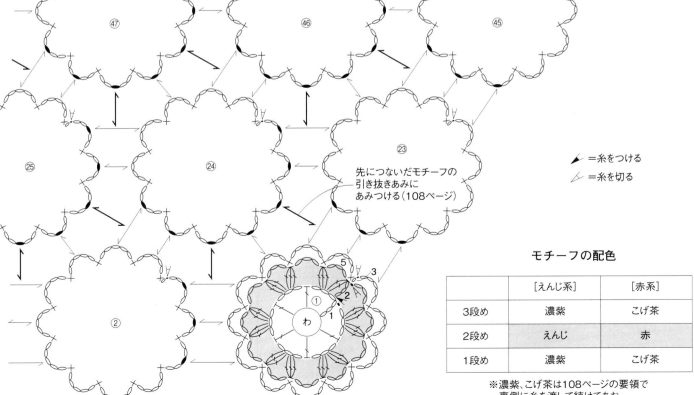

先につないだモチーフの
引き抜きあみに
あみつける(108ページ)

⬋=糸をつける
⬋=糸を切る

モチーフの配色

	[えんじ系]	[赤系]
3段め	濃紫	こげ茶
2段め	えんじ	赤
1段め	濃紫	こげ茶

※濃紫、こげ茶は108ページの要領で
裏側に糸を渡して続けてあむ

145

MOTIF* 34 photo→36ページ *バッグ*

● サイズ（持ち手を除く）　幅31.5cm　深さ約21cm
● モチーフの大きさ　直径4cm
● 用意するもの
　糸／極太タイプのモールヤーン
　　　　ベージュ180g、こげ茶60g
　針／5/0号かぎ針
　付属品／直径0.5cmのひも184cm（持ち手の芯用）

● あみ方
糸は1本どり。モチーフの配色を参照し、指定の配色で
あみます。
1　モチーフは①（1枚め）から番号順にあみます。くさ
りあみを輪にする方法で作り目し、あみ方記号図のよう
にあみます。
2　モチーフの②（2枚め）からは、最終段（2段め）で引
き抜きあみでつなぎながらあみます。
3　番号順に110枚をあみつなぎます（あみつなぐ順序
が不規則な部分は注意してつないでください）。
4　入れ口に持ち手通しを往復に4段あみます。
5　持ち手はくさりあみで6目作り目し、こまあみで84
段あみます。同じものを2本あみます。持ち手を折り、
中にひもを通しまつり、端の目をすくってとじます。
6　持ち手通しを中側に折り、持ち手をくるんでまつります。

モチーフのあみ方記号図

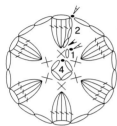

モチーフの配色

2段め…ベージュ
1段め…こげ茶

全体図　　モチーフつなぎ　110枚
※モチーフの中の数字はモチーフをあんでつなぐ順番

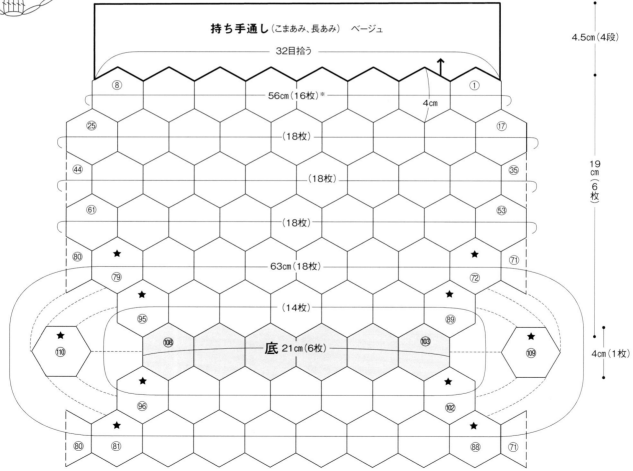

持ち手通し（こまあみ、長あみ）　ベージュ

32目拾う

56cm（16枚）※

4cm

底 21cm（6枚）

63cm（18枚）

（14枚）

（18枚）

（18枚）

（18枚）

4.5cm（4段）

19cm（6枚）

4cm（1枚）

※ハニカム状につなぐので、直径×16枚分より短くなる。
★印のモチーフはつなぎ方が不規則なので注意する。底から対称になるようにあむ

＝糸をつける

＝糸を切る

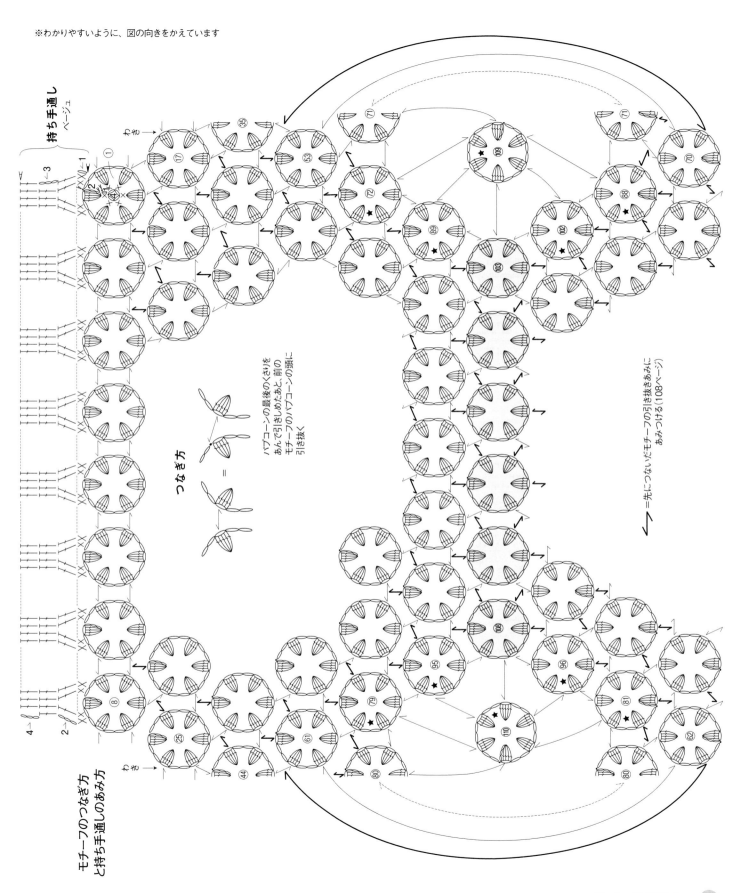

つなぎ方

バブコーンの最後のくさりを
あんで引きぬしめたあと、前の
モチーフのバブコーンの頭に
引き抜く

＝先につないだモチーフの引き抜きあみに
あみつける（108ページ）

持ち手通し
ページ

わき→

モチーフのつなぎ方
と持ち手通しのあみ方

わき→

持ち手 2本
（こまあみ）こげ茶

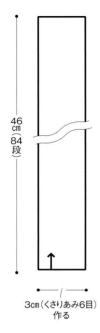

46
cm
（84
段）

3cm（くさりあみ6目）
作る

こまあみ

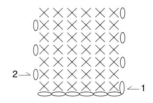

2→

←1

持ち手のつけ方

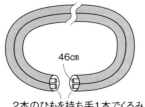

46cm

2本のひもを持ち手1本でくるみ、
端の目をすくってとじる
計2本作る。

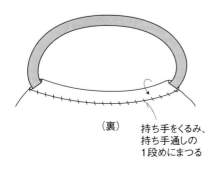

（裏）

持ち手をくるみ、
持ち手通しの
1段めにまつる

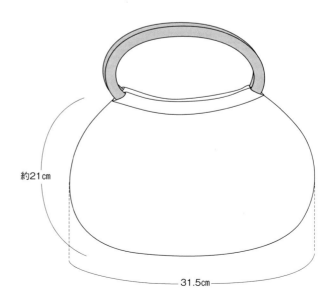

約21cm

31.5cm

ドイリー

● サイズ　直径21cm
● モチーフの大きさ　直径7cm
● 用意するもの
糸／中細タイプのストレートヤーン
　　　ピンク20g
針／3/0号かぎ針

● あみ方
糸は1本どりであみます。
1 モチーフは①（1枚め）から番号順にあみます。くさりあみを輪にする方法で作り目し、あみ方記号図のようにあみます。
2 モチーフの②（2枚め）からは、最終段（3段め）で引き抜きあみでつなぎながらあみます。
3 番号順に9枚をあみつなぎます。

モチーフのあみ方記号図、モチーフのつなぎ方

モチーフつなぎ　9枚
※モチーフの中の数字は
　モチーフをあんでつなぐ順番

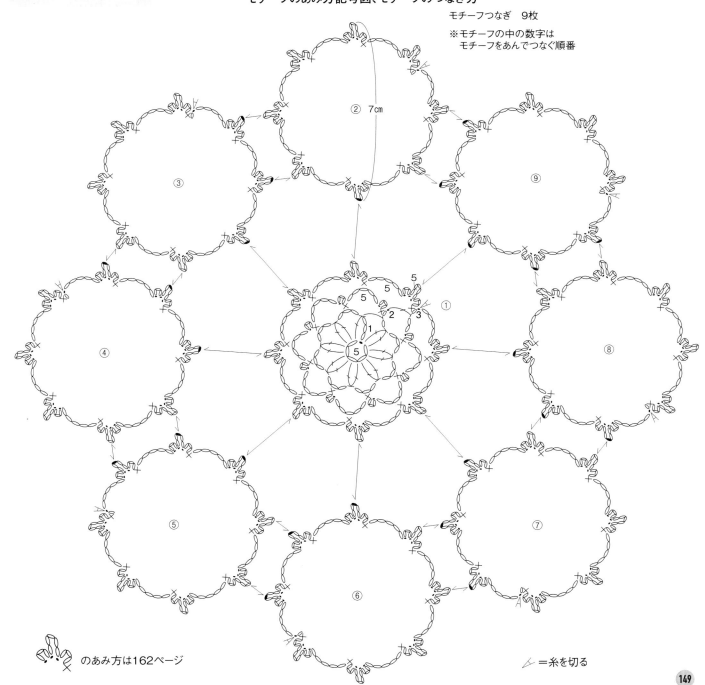

のあみ方は162ページ　　　　　　　　　　　　　　　✓ ＝糸を切る

MOTIF*40＝A、41＝B、42＝C、43＝Dと表記しています

- ●サイズ　幅105cm　丈52.5cm
- ●モチーフの大きさ　A〜D…7.5cm角
- ●用意するもの
  糸／合太タイプのストレートヤーン　生なり110g、
  　　淡ピンク60g、茶色、淡グリーン各50g、
  　　グリーン、ブルー各45g、ピンク40g
  針／4/0号かぎ針

●あみ方
糸は1本どり。モチーフの配色と枚数を参照し、指定の配色であみます。

① モチーフA〜Dは①（1枚め）から番号順にあみます。糸端を輪にする方法で作り目し、あみ方記号図のようにあみます。

② モチーフの②（2枚め）からは、最終段（5段め）で引き抜きあみでつなぎながらあみます。

③ 番号順にモチーフA-a、A-b、B-a、B-b、C-a、C-b、D-a、D-bを全部で98枚あみつなぎます。

全体図

モチーフつなぎ　98枚
※モチーフの中の数字はモチーフをあんでつなぐ順番

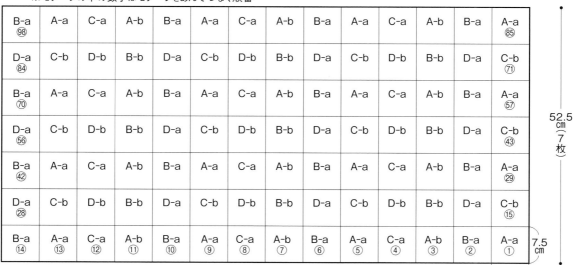

B-a ⑱	A-a	C-a	A-b	B-a	A-a	C-a	A-b	B-a	A-a	C-a	A-b	B-a	A-a ㊄
D-a ㊃	C-b	D-b	B-b	D-a	C-b	D-b	B-b	D-a	C-b	D-b	B-b	D-a	C-b ㉛
B-a ⑦⓪	A-a	C-a	A-b	B-a	A-a	C-a	A-b	B-a	A-a	C-a	A-b	B-a	A-a ㊲
D-a ㊽	C-b	D-b	B-b	D-a	C-b	D-b	B-b	D-a	C-b	D-b	B-b	D-a	C-b ㊸
B-a ㊷	A-a	C-a	A-b	B-a	A-a	C-a	A-b	B-a	A-a	C-a	A-b	B-a	A-a ㉙
D-a ㉘	C-b	D-b	B-b	D-a	C-b	D-b	B-b	D-a	C-b	D-b	B-b	D-a	C-b ⑮
B-a ⑭	A-a ⑬	C-a ⑫	A-b ⑪	B-a ⑩	A-a ⑨	C-a ⑧	A-b ⑦	B-a ⑥	A-a ⑤	C-a ④	A-b ③	B-a ②	A-a ①

52.5cm（7枚）

7.5cm

7.5cm

105cm（14枚）

モチーフのあみ方記号図、モチーフのつなぎ方

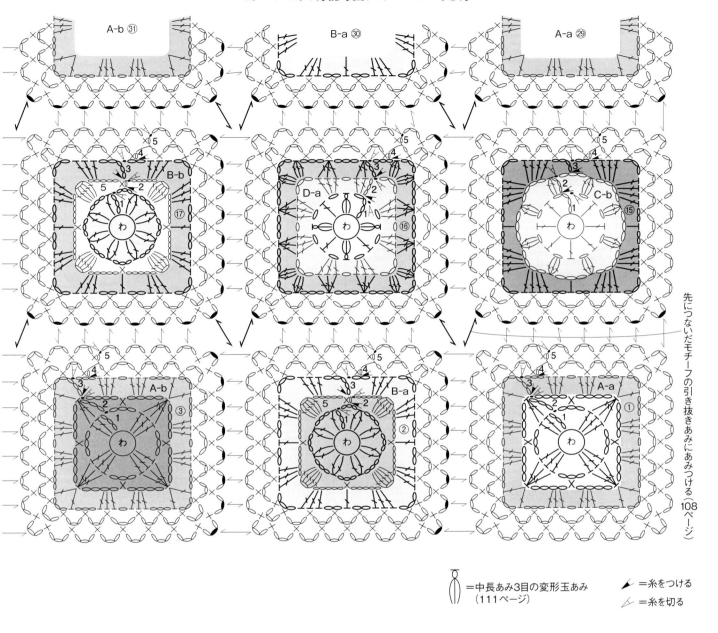

先につないだモチーフの引き抜きあみにあみつける（108ページ）

$\overset{\text{\normalsize }}{\text{\large }}$＝中長あみ3目の変形玉あみ（111ページ）

◢＝糸をつける

◿＝糸を切る

モチーフの配色と枚数

	A		B		C		D	
	a　16枚	b　12枚	a　16枚	b　9枚	a　12枚	b　12枚	a　12枚	b　9枚
4、5段め	生なり	生なり	生なり	生なり	生なり	生なり	生なり	生なり
3段め	淡ピンク	ピンク	グリーン	淡ピンク	茶色	ブルー	茶色	グリーン
2段め	淡グリーン	ブルー	淡ピンク	淡グリーン	淡ピンク	ピンク	ピンク	淡グリーン
1段め	淡グリーン	ブルー	茶色	グリーン	ブルー	淡グリーン	淡グリーン	ブルー

MOTIF*44·45 photo →54ページ ブランケット

MOTIF*44＝A、45＝Bと表記しています

● サイズ　幅105cm　丈60cm
● モチーフの大きさ　A、B…7.5cm角
● 用意するもの
糸／並太タイプのストレートヤーン
　　　グレー230g、ホワイト205g
針／5/0号かぎ針

● あみ方
糸は1本どり。モチーフの配色と枚数を参照し、指定の配色であみます。

１　モチーフA、Bは①（1枚め）から番号順にあみます。糸端を輪にする方法で作り目し、あみ方記号図のようにあみます。

２　モチーフの②（2枚め）からは、最終段（3段め）で引き抜きあみでつなぎながらあみます。

３　番号順にモチーフA、Bを全部で112枚あみつなぎます。

全体図　　モチーフつなぎ　112枚
※モチーフの中の数字はモチーフをあんでつなぐ順番

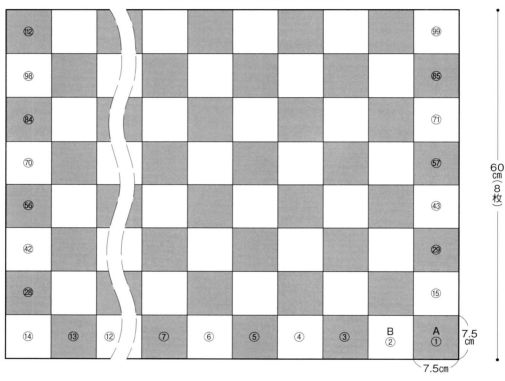

60cm（8枚）

7.5cm

7.5cm

105cm（14枚）

⟨⟩のあみ方（モチーフBの2段め）

１　長あみ1目、くさりあみ4目をあむ。針に糸を2回巻き、写真の位置で、長あみに針を入れる。

２　針に糸をかけて引き出し、未完成の長々あみ（長々あみの3をあんだ状態）をあむ。1と同じところに、未完成の長々あみをもう1目あむ。

３　針に糸をかけ、針にかかっている3つのループを一度に引き抜く。

４　記号の模様があめた。

モチーフのあみ方記号図、モチーフのつなぎ方

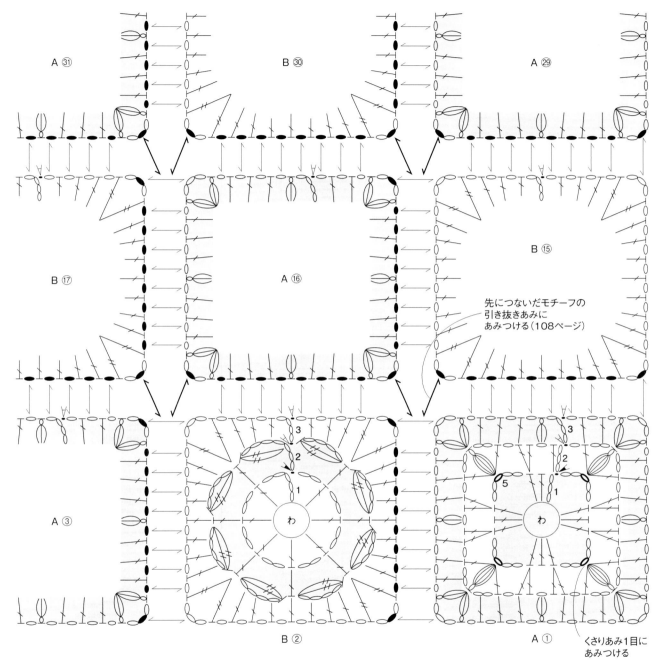

先につないだモチーフの
引き抜きあみに
あみつける(108ページ)

くさりあみ1目に
あみつける

モチーフの配色と枚数

	A　56枚	B　56枚
3段め	グレー	ホワイト
2段め	ホワイト	グレー
1段め	グレー	ホワイト

※Aのグレー、Bのホワイトは
108ページの要領で糸を渡して続けてあむ

 ・ ＝中長あみ3目の
変形玉あみ
（111ページ）

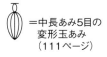 ＝中長あみ5目の
変形玉あみ
（111ページ）

✔ ＝糸をつける

✔ ＝糸を切る

MOTIF*46・47・48・49 photo→56ページ ひざかけ

MOTIF*46＝A、47＝B、48＝C、49＝Dと表記しています

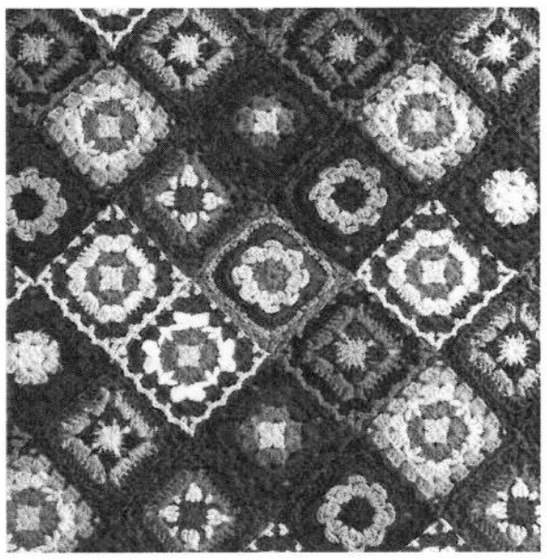

●サイズ　76cm角

●モチーフの大きさ　A～D…7.5cm角

●用意するもの

糸／合太タイプのストレートヤーン

濃赤60g、マロン色、ブラウン、淡オレンジ、赤、パープル、グレープ、淡グリーン、アッシュグリーン、グリーン、ブルー各40g、オフホワイト、ベージュ、グレーブラウン、オレンジ色、ローズ、濃グリーン、淡ブルー、濃ブルー各20g

針／5/0号かぎ針

●あみ方

糸は1本どり。モチーフの配色と枚数を参照し、指定の配色であみます。

1　モチーフA、B、C、Dは①（1枚め）から番号順にあみます。糸端を輪にする方法で作り目し、あみ方記号図のようにあみます。

2　モチーフの②（2枚め）からは、最終段（モチーフAは6段め、モチーフB、C、Dは5段め）で引き抜きあみでつなぎながらあみます。

3　番号順にモチーフA-a、A-b、B-a、B-b、B-c、C-a、C-b、C-c、D-a、D-bを全部で100枚あみつなぎます。

4　まわりに縁あみを1段あみます。

5　飾りはモチーフと同様に作り目し、最終段（4段め）の目に糸を通してしぼります。同じものを4個あみ、四隅につけます。

全体図

モチーフつなぎ　100枚

※モチーフの中の数字はモチーフをあんでつなぐ順番

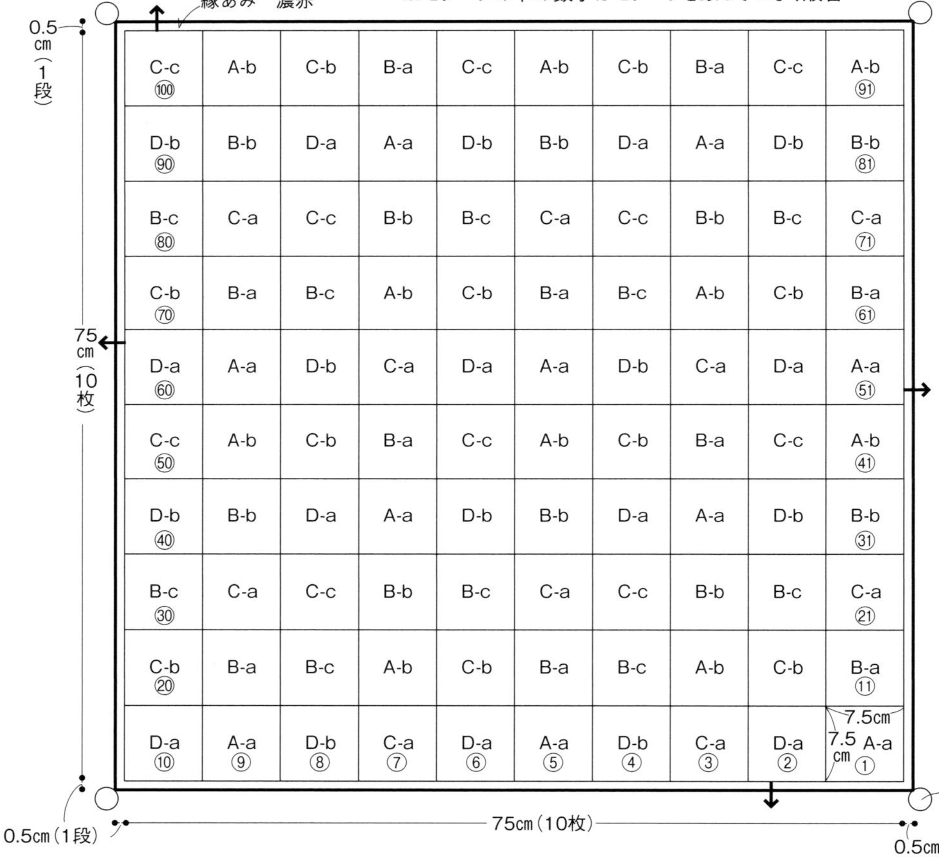

縁あみ　濃赤
0.5cm（1段）
75cm（10枚）
C-c ⑩⓪ A-b C-b B-a C-c A-b C-b B-a C-c A-b ㉛
D-b ⑨⓪ B-b D-a A-a D-b B-b D-a A-a D-b B-b ㉛
B-c ⑧⓪ C-a C-c B-b B-c C-a C-c B-b B-c C-a ⑦①
C-b ⑦⓪ B-a B-c A-b C-b B-a B-c A-b C-b B-a ⑥①
D-a ⑥⓪ A-a D-b C-a D-a A-a D-b C-a D-a A-a ⑤①
C-c ⑤⓪ A-b C-b B-a C-c A-b C-b B-a C-c A-b ④①
D-b ④⓪ B-b D-a A-a D-b B-b D-a A-a D-b B-b ③①
B-c ③⓪ C-a C-c B-b B-c C-a C-c B-b B-c C-a ②①
C-b ②⓪ B-a B-c A-b C-b B-a B-c A-b C-b B-a ⑪
D-a ⑩ A-a ⑨ D-b ⑧ C-a ⑦ D-a ⑥ A-a ⑤ D-b ④ C-a ③ D-a ② A-a ①
7.5cm
7.5cm
飾りをつける
0.5cm（1段）
75cm（10枚）
0.5cm（1段）

飾り　濃赤　4個

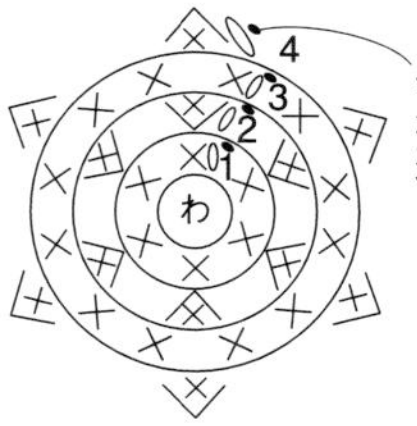

4
3
2
1
わ
糸を長めに残して切り、最終段の目の頭に糸を通してしぼる

モチーフの配色と枚数

	A		B			C			D	
	a 10枚	b 10枚	a 10枚	b 10枚	c 10枚	a 10枚	b 10枚	c 10枚	a 10枚	b 10枚
6段め	グレープ	マロン色								
5段め	パープル	グレーブラウン	ブラウン	淡ブルー	濃赤	濃グリーン	ブルー	グリーン	赤	淡グリーン
4段め	濃赤	ブラウン	オレンジ色	濃ブルー	赤	グリーン	グレープ	パープル	濃赤	ブラウン
3段め	濃赤	ブラウン	淡グリーン	オフホワイト	濃赤	アッシュグリーン	ブルー	ブルー	赤	ベージュ
2段め	アッシュグリーン	淡オレンジ	マロン色	ブルー	淡オレンジ	濃グリーン	濃グリーン	淡グリーン	ローズ	マロン色
1段め	グレープ	マロン色	淡オレンジ	淡ブルー	ベージュ	淡グリーン	アッシュグリーン	グリーン	淡オレンジ	淡グリーン

モチーフと縁あみのあみ方記号図、モチーフのつなぎ方

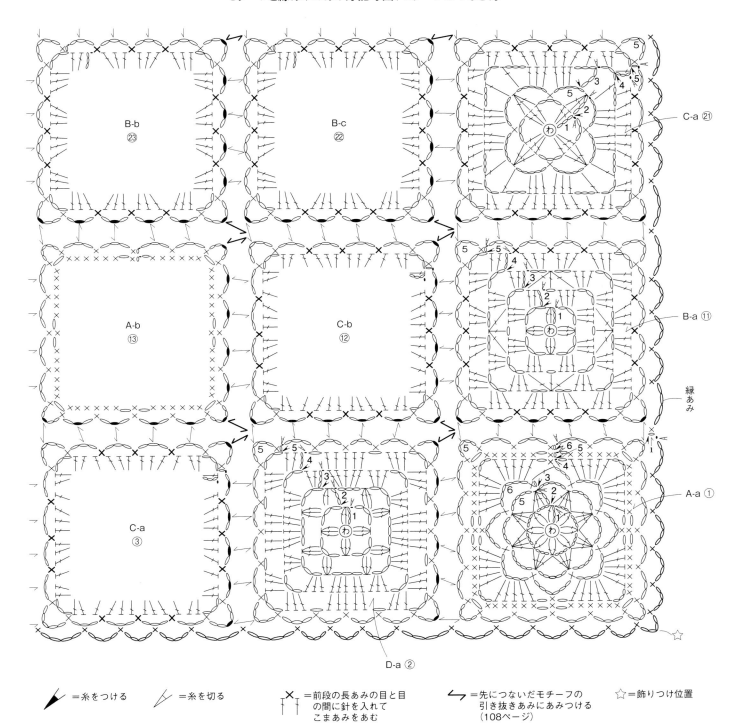

=糸をつける　　=糸を切る　　=前段の長あみの目と目の間に針を入れてこまあみをあむ　　=先につないだモチーフの引き抜きあみにあみつける（108ページ）　　☆=飾りつけ位置

MOTIF* 50・51・52・53　photo→58ページ　ひざかけ

MOTIF*50＝A、51＝B、52＝C、53＝Dと表記しています

- ●サイズ　幅83.5cm　丈76cm
- ●モチーフの大きさ　A〜D…7.5cm角
- ●用意するもの
　糸／合太タイプのストレートヤーン
　　　茶色120g、グリーン、こげ茶各90g、
　　　チャコールグレー70g、生なり、ベージュ各60g、
　　　グレー25g
　針／5/0号かぎ針

- ●あみ方
糸は1本どり。モチーフの配色と枚数を参照し、指定の配色であみます。

1　モチーフA、B、C、Dは①（1枚め）から番号順にあみます。糸端を輪にする方法で作り目し、あみ方記号図のようにあみます。

2　モチーフの②（2枚め）からは、最終段（5段め）で引き抜きあみでつなぎながらあみます。

3　番号順にモチーフA-a、A-b、B-a、B-b、C-a、C-b、D-a、D-bを全部で110枚あみつなぎます。

4　まわりに縁あみを1段あみます。

※モチーフの中の数字は
　モチーフをあんで
　つなぐ順番

全体図

縁あみ　ベージュ　　　　　モチーフつなぎ　110枚

0.5cm（1段）

D-a⑩⑩(110)	B-a	B-b	C-b	D-a	B-a	B-b	C-b	D-a	B-a	B-b⑩⑩(100)
C-a(99)	A-b	A-a	D-b	C-a	A-b	A-a	D-b	C-a	A-b	A-a(89)
D-a(88)	B-a	B-b	C-b	D-a	B-a	B-b	C-b	D-a	B-a	B-b(78)
C-a(77)	A-b	A-a	D-b	C-a	A-b	A-a	D-b	C-a	A-b	A-a(67)
D-a(66)	B-a	B-b	C-b	D-a	B-a	B-b	C-b	D-a	B-a	B-b(56)
C-a(55)	A-b	A-a	D-b	C-a	A-b	A-a	D-b	C-a	A-b	A-a(45)
D-a(44)	B-a	B-b	C-b	D-a	B-a	B-b	C-b	D-a	B-a	B-b(34)
C-a(33)	A-b	A-a	D-b	C-a	A-b	A-a	D-b	C-a	A-b	A-a(23)
D-a(22)	B-a	B-b	C-b	D-a	B-a	B-b	C-b	D-a	B-a	B-b(12)
C-a(11)	A-b(10)	A-a(9)	D-b(8)	C-a(7)	A-b(6)	A-a(5)	D-b(4)	C-a(3)	A-b(2)	A-a(1)

75cm（10枚）

7.5cm
7.5cm　A-a①

82.5cm（11枚）

0.5cm（1段）

モチーフの配色と枚数

	A		B		C		D	
	a 15枚	b 15枚	a 15枚	b 15枚	a 15枚	b 10枚	a 15枚	b 10枚
5段め	チャコールグレー	グリーン	茶色	こげ茶	茶色	グレー	グリーン	こげ茶
4段め	こげ茶	茶色	ベージュ	グリーン	チャコールグレー	茶色	茶色	ベージュ
3段め	ベージュ	こげ茶	生なり	こげ茶	茶色	グレー	グリーン	茶色
2段め	チャコールグレー	グリーン	茶色	生なり	生なり	グリーン	こげ茶	チャコールグレー
1段め	茶色	生なり	グリーン	チャコールグレー	グレー	チャコールグレー	ベージュ	生なり

モチーフと縁あみのあみ方記号図、モチーフのつなぎ方

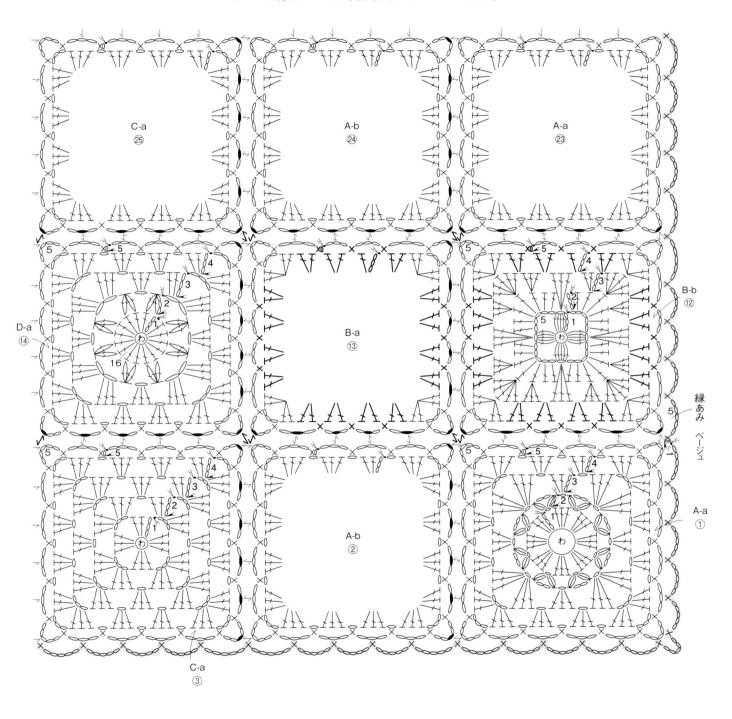

C-a ㉕
A-b ㉔
A-a ㉓

D-a ⑭
B-a ⑬
B-b ⑫

縁あみ ベージュ

A-a ①

C-a ③
A-b ②

━ =糸をつける

━ =糸を切る

B モチーフの =1 段めのパプコーンあみに 針を入れ、2 段めをあみくるむ ように長あみ３目あみ入れる

B モチーフの と×=前段の目と目の間に あみ入れる

 =先につないだ モチーフの 引き抜きあみに あみつける (108ページ)

MOTIF* **54** photo→60ページ　**ひざかけ＆クッション**

●あみ方
糸は1本どり。モチーフの配色を参照し、指定の配色であみます。

[ひざかけ]
① モチーフは①（1枚め）から番号順にあみます。糸端を輪にする方法で作り目し、あみ方記号図のようにあみます。
② モチーフの②（2枚め）からは、最終段（5段め）で引き抜きあみでつなぎながらあみます。
③ 番号順に144枚をあみつなぎます。
④ まわりに縁あみを1段あみます。

[クッション]
① モチーフは①（1枚め）から番号順にあみます。糸端を輪にする方法で作り目し、あみ方記号図のようにあみます。
② モチーフの②（2枚め）からは、最終段（5段め）で引き抜きあみでつなぎながらあみます。
③ 番号順にモチーフを全部で32枚をあみつなぎながら、クッションを中に入れます。

●サイズ　[ひざかけ]91㎝角
　　　　　[クッション]30㎝角
●モチーフの大きさ　7.5㎝角
●用意するもの
糸／並太タイプのストレートヤーン
　　[ひざかけ] ベージュ、淡茶各200g、
　　サンドベージュ160g、茶色140g
　　[クッション] ベージュ、淡茶、
　　サンドベージュ、茶色各40g
針／5/0号かぎ針
付属品／[クッション]30㎝角のヌードクッション

モチーフと縁あみのあみ方記号図、モチーフのつなぎ方

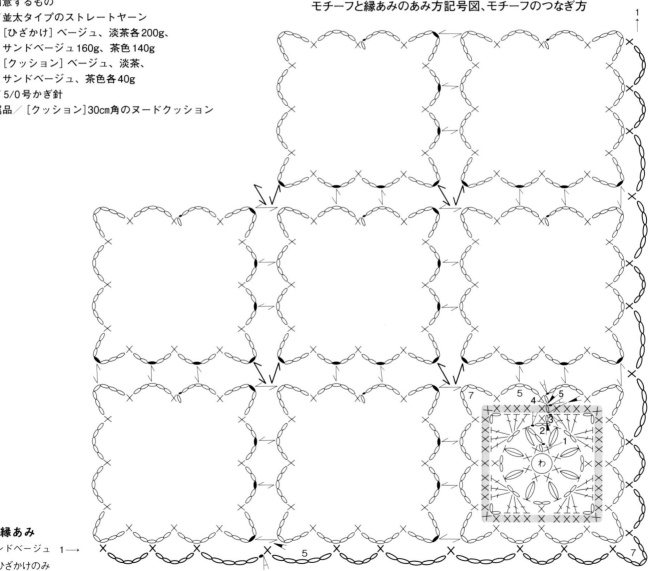

縁あみ
サンドベージュ　1→
※ひざかけのみ

⌐＝糸をつける　　⟶＝先につないだモチーフの引き抜きあみにあみつける（108ページ）
⌐＝糸を切る

ひざかけ　全体図　　モチーフつなぎ　144枚

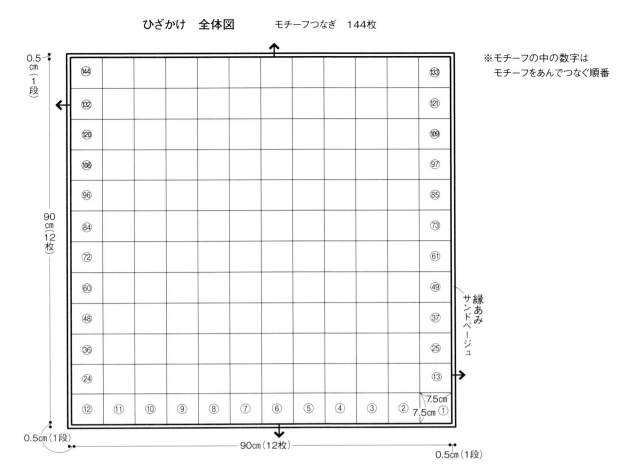

※モチーフの中の数字は
　モチーフをあんでつなぐ順番

縁あみ
サンドベージュ

クッション　全体図

モチーフつなぎ　32枚

（表側①〜⑯、裏側⑰〜㉜）

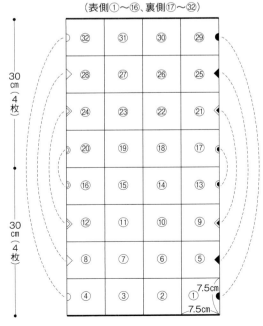

モチーフの配色

5段め	サンドベージュ
4段め	茶色
3段め	ベージュ
2段め	淡茶
1段め	淡茶

※モチーフの中の数字はモチーフをあんでつなぐ順番

⑯まであみつないだら、
⑰から㉘までは合印どうしも
引き抜きあみでつなぎながら
あみ、クッションを入れてから、
くるむように㉙〜㉜をあみつなぐ

MOTIF* 55 photo→62ページ　ひざかけ

●サイズ　幅93cm　丈84cm
●モチーフの大きさ　9cm角
●用意するもの
糸／合太タイプのストレートヤーン
　　黄緑、淡グリーン各180g、
　　生なり160g、ベージュ100g
針／5/0号かぎ針

●あみ方
糸は1本どり。モチーフの配色と枚数を参照し、指定の配色であみます。
① モチーフA、Bはくさりあみを輪にする方法で作り目し、あみ方記号図のように、全部で90枚あみます。
② モチーフは外表に合わせ、こまあみで①、②の順につなぎます。
③ まわりに縁あみを往復で4段あみます。

モチーフつなぎ　90枚

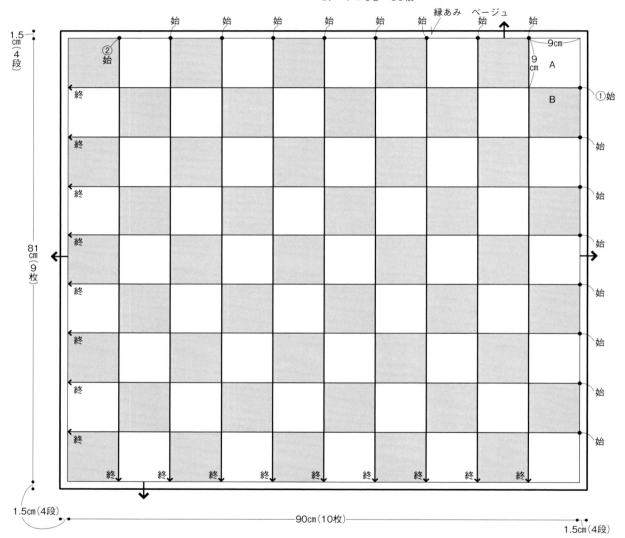

※モチーフは外表に合わせ、ベージュで
　こまあみをあんでつなぐ。
　①で横方向、②でたて方向を①、②の順につなぐ

　● 始＝つなぎ始め
　← 終＝つなぎ終わり

	A 45枚	B 45枚
5段め	淡グリーン	黄緑
4段め	生なり	生なり
1〜3段め	黄緑	淡グリーン

縁あみ

モチーフと縁あみのあみ方記号図、モチーフのつなぎ方

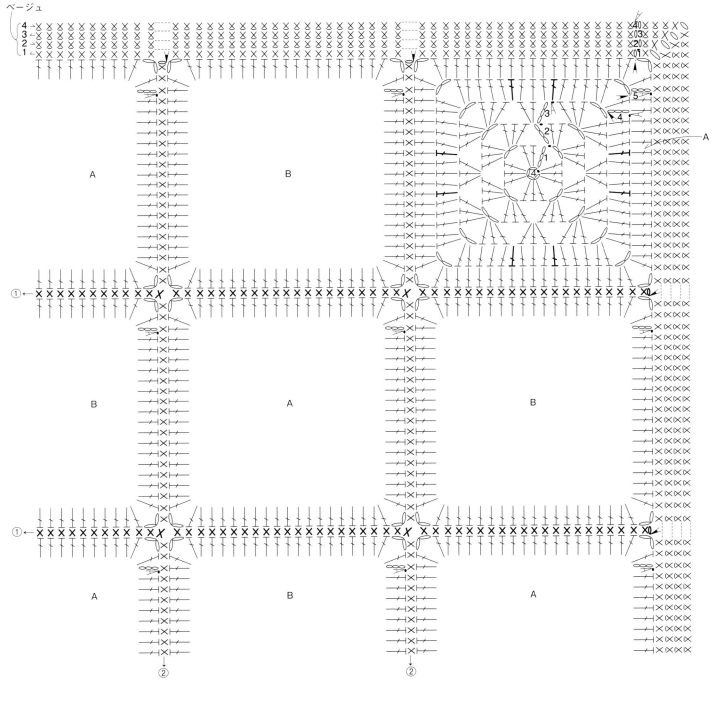

MOTIF* 56・57 photo→63ページ ストール

MOTIF*56＝A、57＝Bと表記しています

photo→63ページ

● サイズ　幅34cm　丈153cm
● モチーフの大きさ　A、B…6cm角
● 用意するもの
糸／中細タイプのストレートヤーン
　　ベージュ90g、ピンク、からし色各45g、
　　黄緑、淡ブルー各25g
針／3/0号かぎ針

● あみ方
糸は1本どり。モチーフの配色と枚数を参照し、指定の配色であみます。
1　モチーフA、Bは①（1枚め）から番号順にあみます。糸端を輪にする方法で作り目し、あみ方記号図のようにあみます。
2　モチーフの②（2枚め）からは、最終段（Aは4段め、Bは3段め）で引き抜きあみでつなぎながらあみます。
3　番号順にモチーフA-a、A-b、B-a、B-bを全部で123枚あみつなぎます。

全体図

モチーフつなぎ　123枚
※モチーフの中の数字はモチーフをあんでつなぐ順番

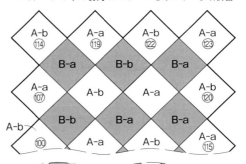

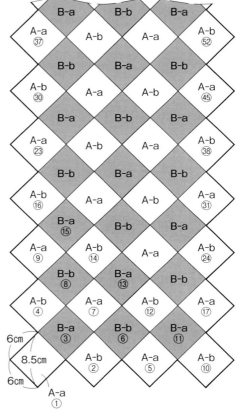

153cm（18枚）

34cm（4枚）

のあみ方（モチーフAの4段め）※わかりやすいように、糸の色をかえています

I　220ページの「くさりあみ3目のピコット（くさりあみにあみつける場合）」と同様に、こまあみとくさりあみ3目のピコットをあむ。

2　次に、くさりあみを5目あみ、Iであんだピコットと同じところに針を入れ、引き抜きあみをあむ。

3　くさりあみ5目のピコットがあめた。

4　さらに、くさりあみを3目あみ、2と同様にIであんだピコットと同じところに針を入れ、引き抜きあみをあむ。

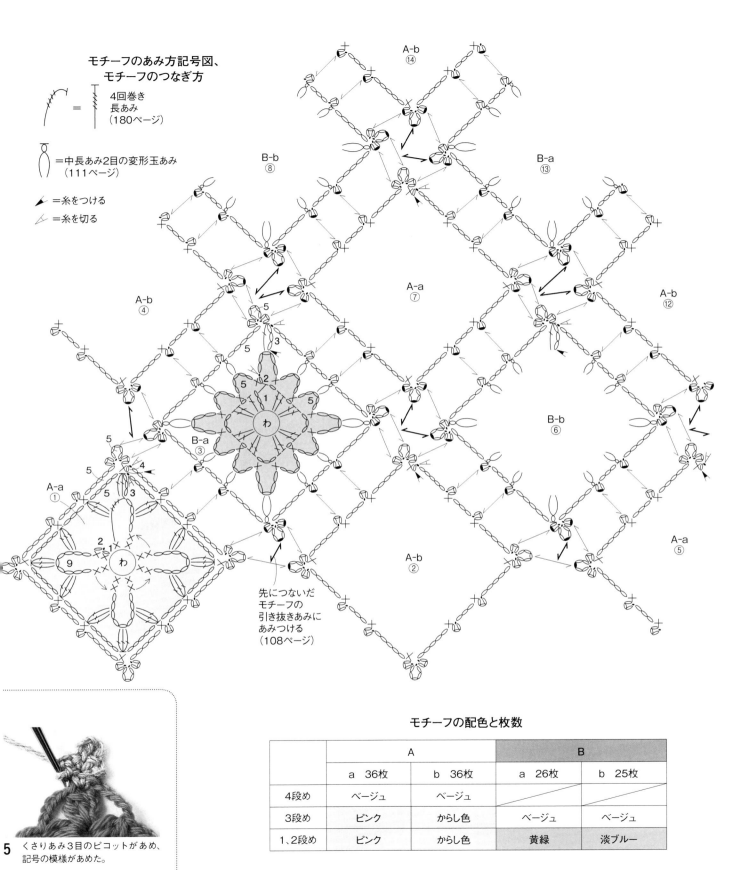

モチーフのあみ方記号図、モチーフのつなぎ方

$\quad$ = $\quad$ 4回巻き 長あみ（180ページ）

$\quad$ = 中長あみ2目の変形玉あみ（111ページ）

$\quad$ = 糸をつける

$\quad$ = 糸を切る

B-b ⑧

A-b ④

B-a ③

A-a ①

A-b ⑭

B-a ⑬

A-a ⑦

A-b ⑫

B-b ⑥

A-b ②

B-b ⑩

A-a ⑤

先につないだモチーフの引き抜きあみにあみつける（108ページ）

5 くさりあみ3目のピコットがあめ、記号の模様があめた。

モチーフの配色と枚数

	A		B	
	a 36枚	b 36枚	a 26枚	b 25枚
4段め	ベージュ	ベージュ		
3段め	ピンク	からし色	ベージュ	ベージュ
1、2段め	ピンク	からし色	黄緑	淡ブルー

MOTIF* 58 photo→64ページ ストール

● サイズ　幅33cm　丈121cm
● モチーフの大きさ　11cm角
● 用意するもの
糸／細タイプのモヘアヤーン
　　　ピンク140g
針／4/0号かぎ針

● あみ方
糸は1本どりであみます。
1　モチーフは①（1枚め）から番号順にあみます。糸端を輪にする方法で作り目し、あみ方記号図のようにあみます。
2　モチーフの②（2枚め）からは、最終段（5段め）で引き抜きあみでつなぎながらあみます。
3　番号順に33枚をあみつなぎます。

全体図

モチーフつなぎ　33枚

※モチーフの中の数字は
　モチーフをあんでつなぐ順番

モチーフのあみ方記号図、モチーフのつなぎ方

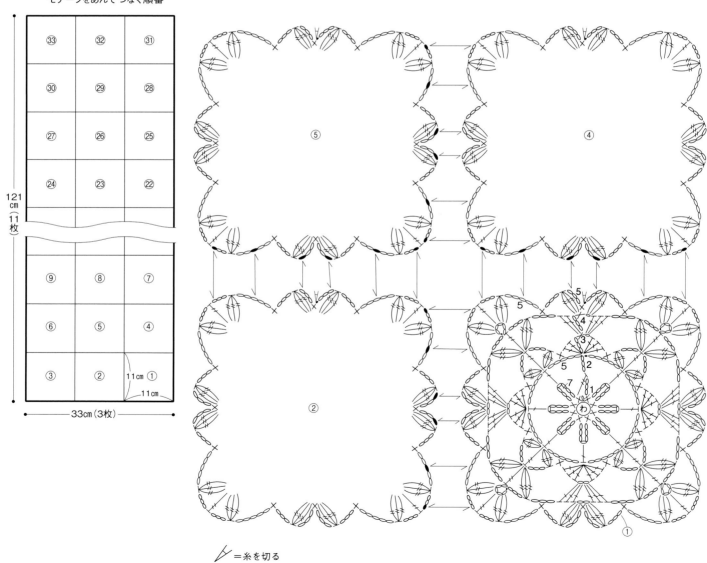

╱＝糸を切る

MOTIF* 59 photo→65ページ ストール

- ●サイズ　幅28cm　丈133cm
- ●モチーフの大きさ　7cm角
- ●用意するもの
  糸／合太タイプのストレートヤーン
  　　生なり140g、ベージュ85g
  針／4/0号かぎ針

- ●あみ方
  糸は1本どり。モチーフの配色を参照し、指定の配色であみます。

  1　モチーフは①（1枚め）から番号順にあみます。糸端を輪にする方法で作り目し、あみ方記号図のようにあみます。

  2　モチーフの②（2枚め）からは、最終段（4段め）で引き抜きあみでつなぎながらあみます。

  3　番号順に76枚をあみつなぎます。

全体図

モチーフつなぎ　76枚

※モチーフの中の数字は
　モチーフをあんでつなぐ順番

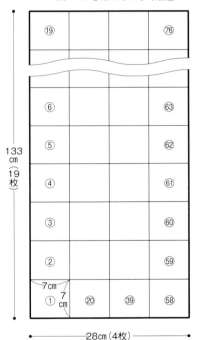

133cm（19枚）

28cm（4枚）

7cm　7cm

モチーフのあみ方記号図、モチーフのつなぎ方

/ ＝糸を切る

/ ＝糸をつける

↙ ＝先につないだモチーフの
　　引き抜きあみに
　　あみつける（108ページ）

モチーフの配色

3、4段め…生なり
1、2段め…ベージュ

MOTIF*60・61・62 photo→66ページ **ストール**

MOTIF*60＝A、61＝B、62＝Cと表記しています

●サイズ　幅36cm　丈132cm
●モチーフの大きさ　A、B、C…6cm角
●用意するもの
糸／中細タイプのストレートヤーン
　ネイビー、黒各100g、
　モスグリーン、茶色、グレー、
　ダークグレー各40g、
　淡グリーン、ブルー各20g
針／5/0号、3/0号かぎ針

●あみ方
糸は指定以外1本どり。モチーフの配色と枚数を参照し、指定の配色であみます。
1 モチーフA、B、Cは①(1枚め)から番号順にあみます。モチーフA、Bは糸端を輪にする方法で作り目し、モチーフCはくさりあみを輪にする方法で作り目し、あみ方記号図のようにあみます。
2 モチーフの②(2枚め)からは、最終段(モチーフA、Bは5段め、モチーフCは6段め)で引き抜きあみでつなぎながらあみます。
3 番号順にモチーフA-a、A-b、A-c、B-a、B-b、B-c、C-a、C-b、C-cを全部で132枚あみつなぎます。
4 飾りは糸は2本どりでモチーフA、Bと同様に作り目し、最終段(3段め)の目に糸を通してしぼります。同じものを14個あみ、両端につけます。

全体図

モチーフつなぎ　132枚　　※モチーフの中の数字はモチーフをあんでつなぐ順番

36cm(6枚)

B-c (132)	C-a	B-b	A-b	C-c	A-a	B-c	C-a	B-b	A-b	C-c	A-a	B-c	C-a	B-b	A-b	C-c	A-a	B-c	C-a	B-b	A-b (111)
C-c (110)	A-b	C-b	B-a	A-c	B-c	C-c	A-b	C-b	B-a	A-c	B-c	C-c	A-b	C-b	B-a	A-c	B-c	C-c	A-b	C-b	B-a (89)
A-c (88)	B-a	C-a	A-a	B-b	C-b	A-c	B-a	C-a	A-a	B-b	C-b	A-c	B-a	C-a	A-a	B-b	C-b	A-c	B-a	C-a	A-a (67)
B-c (66)	C-a	B-b	A-b	C-c	A-a	B-c	C-a	B-b	A-b	C-c	A-a	B-c	C-a	B-b	A-b	C-c	A-a	B-c	C-a	B-b	A-b (45)
C-c ㊹	A-b	C-b	B-a	A-c	B-c	C-c	A-b	C-b	B-a	A-c	B-c	C-c	A-b	C-b	B-a	A-c	B-c	C-c	A-b	C-b	B-a ㉓
A-c ㉒	B-a ㉑	C-a ⑳	A-a ⑲	B-b ⑱	C-b ⑰	A-c ⑯	B-a ⑮	C-a ⑭	A-a ⑬	B-b ⑫	C-b ⑪	A-c ⑩	B-a ⑨	C-a ⑧	A-a ⑦	B-b ⑥	C-b ⑤	A-c ④	B-a ③	C-a ②	A-a ①

6cm　6cm

2cm　132cm(22枚)　2cm

飾りをつける

モチーフの配色と枚数

	A			B			C		
	a 14枚	b 16枚	c 14枚	a 16枚	b 14枚	c 14枚	a 16枚	b 14枚	c 14枚
6段め							ネイビー	ネイビー	ネイビー
5段め	ネイビー	ネイビー	ネイビー	ネイビー	ネイビー	ネイビー	黒	黒	黒
4段め	黒	黒	黒	黒	黒	黒	茶色	淡グリーン	ブルー
3段め	ダークグレー	モスグリーン	茶色	ダークグレー	茶色	ネイビー	茶色	淡グリーン	ブルー
2段め	モスグリーン	茶色	ネイビー	グレー	ダークグレー	淡グリーン	ネイビー	モスグリーン	グレー
1段め	ブルー	淡グリーン	グレー	黒	グレー	モスグリーン	ネイビー	モスグリーン	グレー

飾り 14個

ネイビー 2本どり 5/0号針

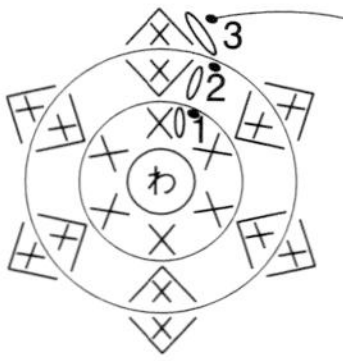

糸を長めに残して切り、最終段の6目の頭に糸を通してしぼる

モチーフのあみ方記号図、モチーフのつなぎ方
3/0 号針

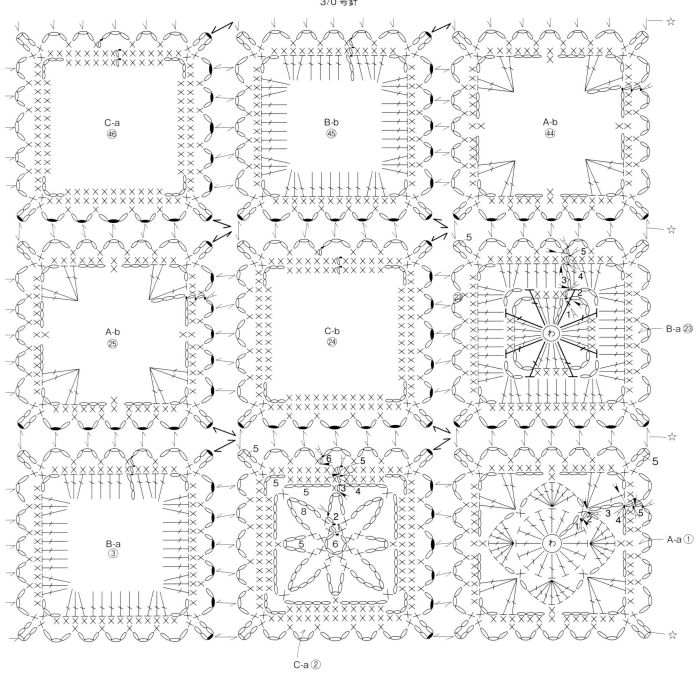

↗ =糸をつける

↘ =糸を切る

B モチーフ
2 段めの
┬ =あみ始めの輪に針を入れ、
1 段めをあみくるむように
長あみをあむ

⟷ =先につないだモチーフの
引き抜きあみに
あみつける（108ページ）

☆ =飾りつけ位置

マーガレット

- サイズ　仕上げ方図参照
- モチーフの大きさ　4.5cm角
- 用意するもの
糸／合太タイプのストレートヤーン
　　生なり245g
針／4/0号かぎ針

- あみ方
糸は1本どりであみます。

1　モチーフは①（1枚め）から番号順にあみます。糸端を輪にする方法で作り目し、あみ方記号図のようにあみます。

2　モチーフの②（2枚め）からは、最終段（2段め）で引き抜きあみでつなぎながらあみます。

3　番号順に203枚をあみつなぎます。

4　ボタンはモチーフと同様に作り目し、最終段（4段め）の目に糸を通してしぼります。同じものを14個あみ、指定の位置につけます。

全体図

モチーフつなぎ　203枚
※モチーフの中の数字はモチーフをあんでつなぐ順番

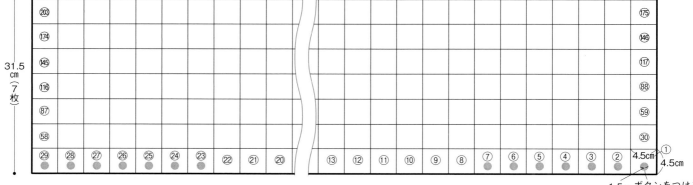

31.5cm（7枚）

130.5cm（29枚）

4.5cm
4.5cm
1.5cm　ボタンをつける

ボタン　14個

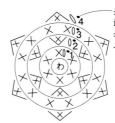

糸を長めに残して切り、最終段の6目の頭に糸を通し、残り糸を入れてしぼる

仕上げ方

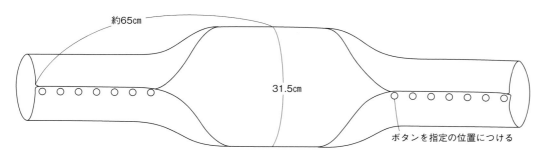

約65cm

31.5cm

ボタンを指定の位置につける

モチーフのあみ方記号図、モチーフのつなぎ方

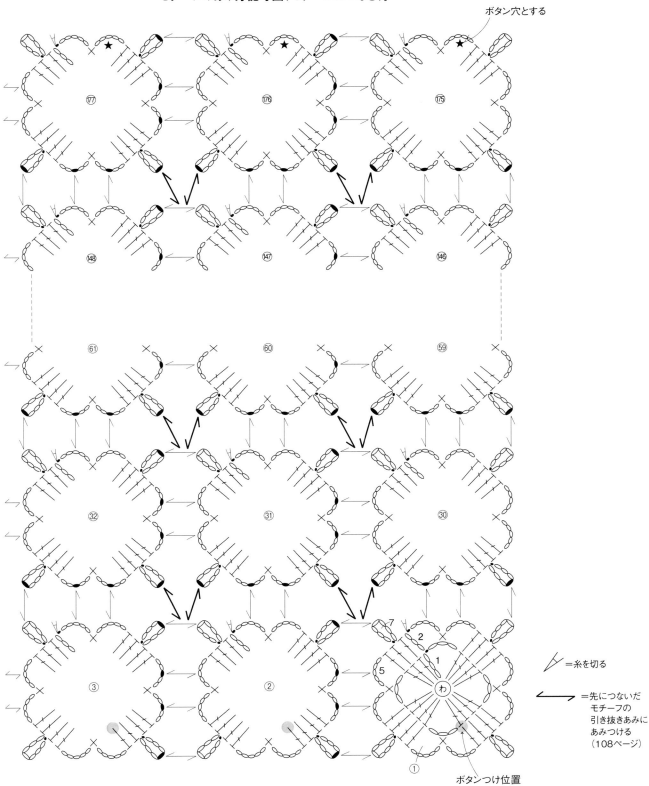

ボタン穴とする

⑰ ⑯ ⑮

⑭ ⑭ ⑭

㉑ ㉐ ㊾

㉝ ㉛ ㉚

③ ② ①

⎘ =糸を切る

⎯→ =先につないだ
モチーフの
引き抜きあみに
あみつける
（108ページ）

ボタンつけ位置

MOTIF* 64 photo→70ページ ストール

- ●サイズ　幅42㎝　丈146.5㎝
- ●モチーフの大きさ　9.5㎝角
- ●用意するもの
  糸／細タイプのモヘアヤーン
  　　水色170g
  針／4/0号かぎ針

- ●あみ方
  糸は1本どりであみます。
  1　モチーフは①（1枚め）から番号順にあみます。糸端を輪にする方法で作り目し、あみ方記号図のようにあみます。
  2　モチーフの②（2枚め）からは、最終段（4段め）で引き抜きあみとこまあみでつなぎながらあみます。
  3　番号順に60枚をあみつなぎます（4枚のモチーフが接する位置の2ループはあみ方記号図をよく見てつなぎ方に気をつけてください）。
  4　まわりに縁あみを2段あみます。

全体図

モチーフつなぎ　60枚
※モチーフの中の数字はモチーフをあんでつなぐ順番

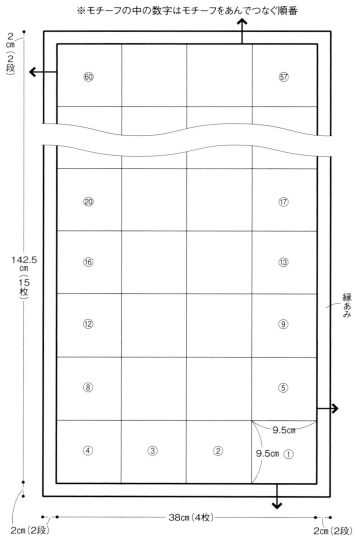

4枚めでつなぐ場合（171ページ参照）

4枚めの角の2つめのループのくさり7目を
あんだらくさり1目で立ち上がって
あみ地を裏返し、1つめのループに
こまあみをあむ。続けて2枚め、1枚め、
3枚めの順にループにこまあみをあんで
あみ地を表に返し、立ち上がりのくさり目に
こまあみをあむ。くさり4目を続けてあむ

2枚めでつなぐ場合（171ページ参照）

2枚めの角の2つめのループのくさり7目を
あんだら、くさり1目で立ち上がってあみ地を
裏返し、1つめのループにこまあみをあむ。
続けてくさり2目あみ、
1枚めの2つのループにこまあみをあんで
あみ地を表に返し、立ち上がりのくさり目に
こまあみをあむ。くさり4目を続けてあむ

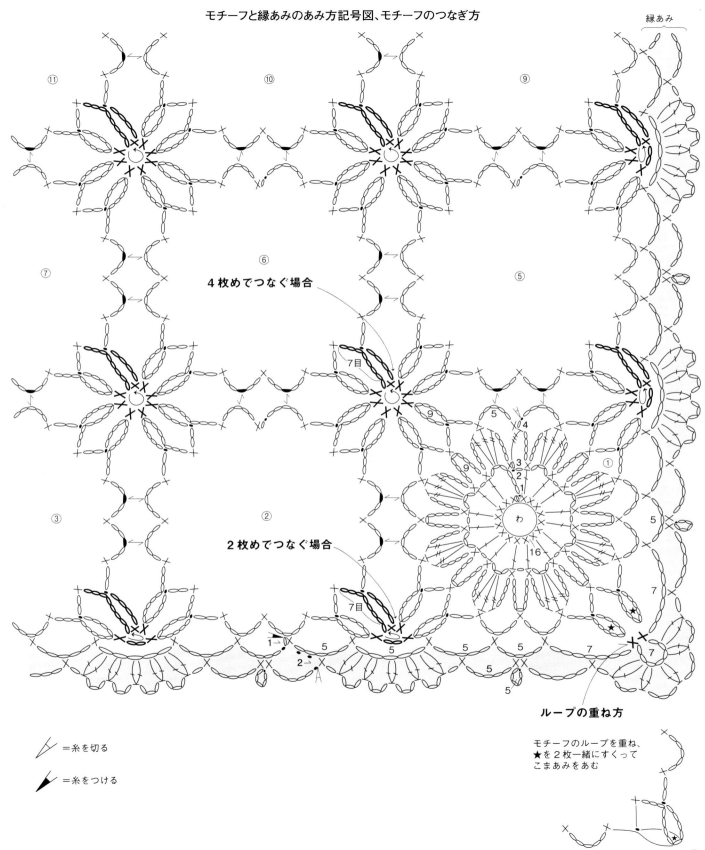

縁あみ

⑪ ⑩ ⑨

⑦ ⑥ ⑤

4枚めでつなぐ場合

7目

③ ②

2枚めでつなぐ場合

7目

わ

16

ループの重ね方

モチーフのループを重ね、
★を2枚一緒にすくって
こまあみをあむ

〳 ＝糸を切る

〳 ＝糸をつける

MOTIF*66 photo→72ページ　マフラー

- ●サイズ　幅20cm　長さ120cm
- ●モチーフの大きさ　4cm角
- ●用意するもの

糸／合太タイプのストレートヤーン
　　　黒115g、グリーン65g、
　　　マロン色、ブラウン、グレー各25g
針／5/0号かぎ針

●あみ方

糸は1本どり。モチーフの配色と枚数、飾りの配色と個数を参照し、指定の配色であみます。

1　モチーフA、B、C、Dは①（1枚め）から番号順にあみます。糸端を輪にする方法で作り目し、あみ方記号図のようにあみます。

2　モチーフの②（2枚め）からは、最終段（3段め）で引き抜きあみでつなぎながらあみます。

3　番号順にモチーフA、B、C、Dを全部で150枚あみつなぎます。

4　飾りE、F、G、Hはモチーフと同様に作り目し、最終段（3段め）の目に糸を通してしぼります。同じものを全部で60個あみ、両わきにつけます。

全体図

モチーフつなぎ　150枚
※モチーフの中の数字はモチーフをあんでつなぐ順番

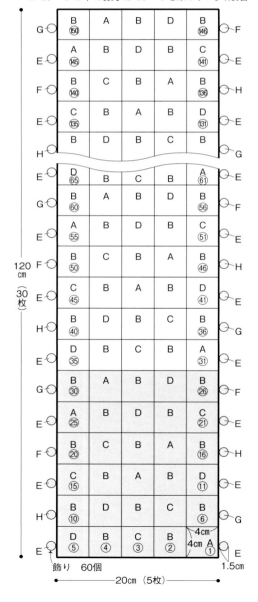

[　]　をくり返す

飾り　60個

モチーフのあみ方記号図、モチーフのつなぎ方

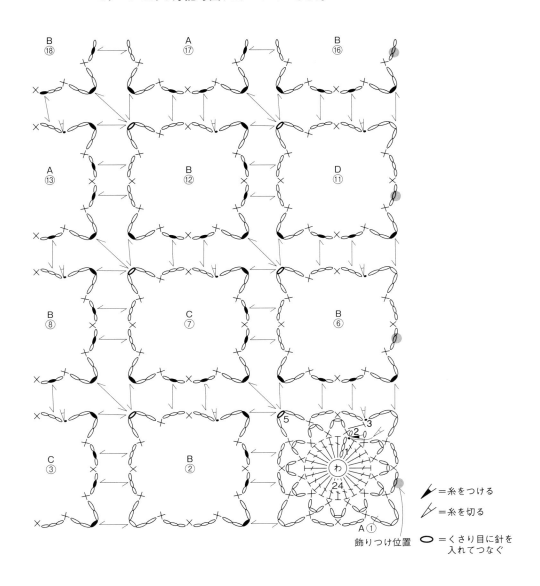

＝糸をつける

＝糸を切る

飾りつけ位置

 ＝くさり目に針を
入れてつなぐ

モチーフの配色と枚数

	A 25枚	B 75枚	C 25枚	D 25枚
2、3段め	黒	黒	黒	黒
1段め	ブラウン	グリーン	マロン色	グレー

飾りの配色と個数

	E 30個	F 10個	G 10個	H 10個
配色	グリーン	ブラウン	マロン色	グレー

飾り

糸を長めに残して切り、
最終段の8目の頭に糸を通し、
残り糸を入れてしぼる

　ミニマフラー

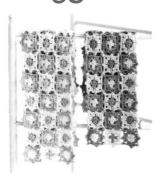

- ●サイズ　幅15cm　長さ105cm
- ●モチーフの大きさ　5cm角
- ●用意するもの
糸／並太タイプのストレートヤーン
[左・白系]
ホワイト、ピンク各50g
[右・ベージュ系]
ベージュ、コーラルピンク各50g
針／5/0号かぎ針

- ●あみ方
糸は1本どり。モチーフの配色と枚数を参照し、指定の配色であみます。

① モチーフA、Bは①（1枚め）から番号順にあみます。糸端を輪にする方法で作り目し、あみ方記号図のようにあみます。

② モチーフの②（2枚め）からは、最終段（2段め）で引き抜きあみでつなぎながらあみます。

③ 番号順に63枚をあみつなぎます。

全体図

モチーフつなぎ　63枚

※モチーフの中の数字は
　モチーフをあんでつなぐ順番

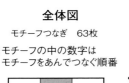
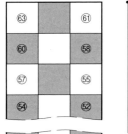
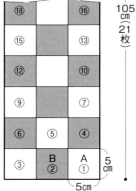

105cm（21枚）

15cm（3枚）

5cm

モチーフのあみ方記号図、モチーフのつなぎ方

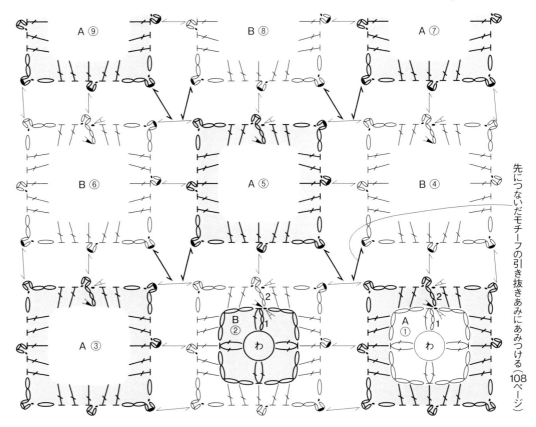

↙ =糸をつける
↙ =糸を切る

先につないだモチーフの引き抜きあみにあみつける（108ページ）

モチーフの配色と枚数

	[白系]		[ベージュ系]	
	A　32枚	B　31枚	A　32枚	B　31枚
2段め	ピンク	ホワイト	コーラルピンク	ベージュ
1段め	ホワイト	ピンク	ベージュ	コーラルピンク

MOTIF*67・68 photo→74ページ　マフラー

MOTIF*67＝A、68＝Bと表記しています

● サイズ　幅21cm　長さ147cm
● モチーフの大きさ　A、B…7cm角
● 用意するもの
糸／合太タイプのストレートヤーン
[左・生なり系]
ターコイズ115g、生なり95g
[右・紺系]
紺115g、ブルー95g
針／4/0号かぎ針

● あみ方
糸は1本どり。モチーフの配色と枚数を参照し、指定の配色であみます。

1　モチーフA、Bは①（1枚め）から番号順にあみます。糸端を輪にする方法で作り目し、あみ方記号図のようにあみます。

2　モチーフの②（2枚め）からは、最終段（5段め）で引き抜きあみでつなぎながらあみます。

3　番号順にモチーフA、Bを全部で63枚あみつなぎます。

モチーフのあみ方記号図、モチーフのつなぎ方

先につないだモチーフの引き抜きあみにあみつける（108ページ）

全体図

モチーフつなぎ 63枚

※モチーフの中の数字はモチーフをあんでつなぐ順番

63	62	61
60	59	58
57	56	55

18	17	16
15	14	13
12	11	10
9	8	7
6	5	4
3	B②	A①

147cm（21枚）

7cm

7cm

←― 21cm（3枚）―→

= 4回巻き長あみ（180ページ）

= 糸をつける

= 糸を切る

モチーフの配色と枚数

	[生なり系]		[紺系]	
	A　32枚	B　31枚	A　32枚	B　31枚
4、5段め	ターコイズ	生なり	紺	ブルー
2、3段め	生なり	ターコイズ	ブルー	紺
1段め	ターコイズ	生なり	紺	ブルー

※A、Bとも1～4段めは108ページの要領で裏側に糸を渡して続けてあむ

マフラー

●サイズ　幅18cm　長さ150cm
●モチーフの大きさ　6cm角
●用意するもの
糸／中細タイプのストレートヤーン
　　　[左] グレー 160g
　　　[右] 赤 160g
針／3/0号かぎ針

●あみ方
糸は1本どりであみます。
1　モチーフは①(1枚め)から番号順にあみます。糸端を輪にする方法で作り目し、あみ方記号図のようにあみます。
2　モチーフの②(2枚め)からは、最終段(4段め)で引き抜きあみでつなぎながらあみます。
3　番号順に75枚をあみつなぎます。

全体図

モチーフつなぎ　75枚

※モチーフの中の数字は
　モチーフをあんでつなぐ順番

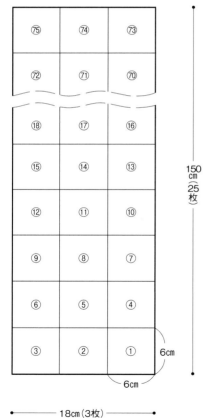

150 cm (25枚)

18cm(3枚)

6cm

6cm

モチーフのあみ方記号図、モチーフのつなぎ方

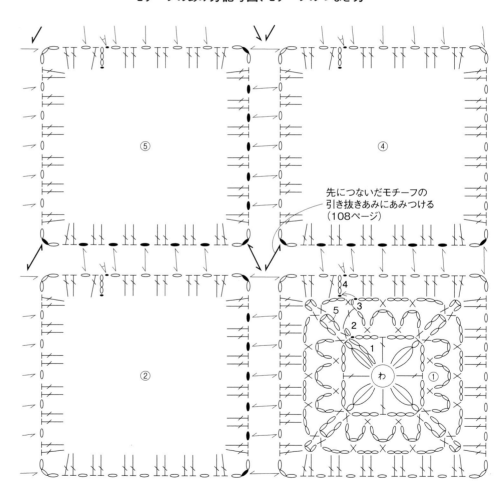

先につないだモチーフの
引き抜きあみにあみつける
(108ページ)

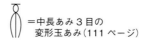
=中長あみ3目の
変形玉あみ(111ページ)

＝糸を切る

MOTIF*70＝A、71＝Bと表記しています

● サイズ　幅13cm　長さ110.5cm
● モチーフの大きさ
　A、B…6.5cm角
● 用意するもの
糸／細タイプのモヘアヤーン
　　［左・ブルー系］グレー35g、
　　青紫30g
　　［右・ピンク系］淡ピンク35g、
　　濃ピンク30g
針／4/0号かぎ針

モチーフのあみ方記号図、モチーフのつなぎ方

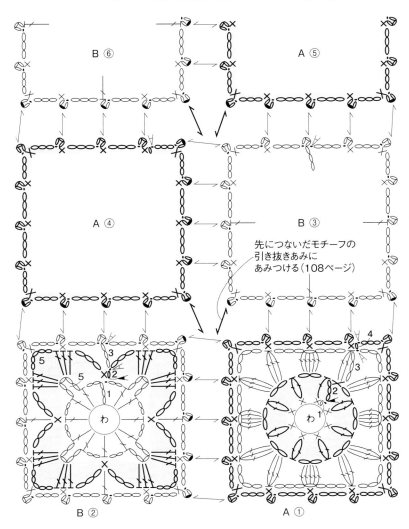

B ⑥　　　　　　　　　　A ⑤

A ④　　　　　　　　　　B ③

先につないだモチーフの
引き抜きあみに
あみつける（108ページ）

B ②　　　　　　　　　　A ①

● あみ方　糸は1本どり。モチーフの配色と枚数を参照
し、指定の配色であみます。
1　モチーフA、Bは①（1枚め）から番号順にあみます。
糸端を輪にする方法で作り目し、あみ方記号図のように
あみます。
2　モチーフの②（2枚め）からは、最終段（Aは4段め、B
は3段め）で引き抜きあみでつなぎながらあみます。
3　番号順にモチーフA、Bを全部で34枚あみつなぎます。

＝糸をつける
＝糸を切る

全体図

モチーフつなぎ　34枚

※モチーフの中の数字は
　モチーフをあんでつなぐ順番

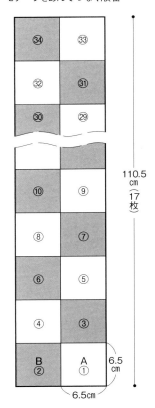

110.5
cm
（17
枚）

6.5
cm

6.5cm

← 13cm（2枚） →

モチーフの配色と枚数

	［ブルー系］		［ピンク系］	
	A　17枚	B　17枚	A　17枚	B　17枚
4段め	青紫		濃ピンク	
3段め	グレー	グレー	淡ピンク	淡ピンク
2段め	青紫	青紫	濃ピンク	濃ピンク
1段め	グレー	グレー	淡ピンク	淡ピンク

※Aの1、3段め、2、4段め、Bの1、3段めは108ページの要領で裏側に糸を渡して続けてあむ

ミニマフラー

● サイズ　幅13cm　長さ78cm
● モチーフの大きさ　6.5cm角
● 用意するもの
糸／中細タイプのストレートヤーン
　　生なり80g、
　　極太タイプのファンシーヤーン
　　白20g
針／7mm、3/0号かぎ針
付属品／長さ3cmのブローチピン1個

● あみ方
糸は指定以外生なり（ストレートヤーン）1本どりであみます。

1　モチーフは①（1枚め）から番号順にあみます。くさりあみを輪にする方法で作り目し、あみ方記号図のようにあみます。

2　モチーフの②（2枚め）からは、最終段（4段め）で引き抜きあみでつなぎながらあみます。

3　番号順に24枚をあみつなぎます。

4　コサージュの花は白（ファンシーヤーン）1本どりであみます。糸端を輪にする方法で作り目し、あみ方記号図のように1枚あみます。花しんは花と同様に作り目し、最終段（3段め）の目に糸を通してしぼります。同じものを計3個あみます。飾りひもA、B、C、Dは生なり4本どりで指定の本数あみます。仕上げ方を参照して花、花しん、飾りひもをつなげて作り、裏側にピンをつけます。

全体図

モチーフつなぎ　24枚
※モチーフの中の数字はモチーフ
　をあんでつなぐ順番

78
cm
（12
枚）

6.5cm
6.5cm

← 13cm（2枚）→

モチーフのあみ方記号図、モチーフのつなぎ方

3/0号針

⟵ ＝先につないだモチーフの引き抜きあみに
　　あみつける（108ページ）

↙ ＝糸を切る

コサージュのあみ方記号図

飾りひも
ストレートヤーン4本どり 7mmかぎ針

二つに
折って
ぬいとめる

玉あみの頭に
あみ入れる

D
19
cm
(2本)

C
26
cm
(1本)

B
32
cm
(2本)

A
39
cm
(1本)

10
目

あみ始め

花 1枚
ファンシーヤーン1本どり 7mmかぎ針

5

3

2
1

わ

※矢印の位置で二つ折りにし
丸くなるよう形作る

花しん 3個
3/0号針

3
2
1
わ

糸を長めに
残して切り、
最終段の6目の
頭に糸を通し、
残り糸を入れて
しぼる

コサージュの仕上げ方

C

D   D

3.裏側に飾り
ひもとピンを
とじつける

裏側

1.花を外表に二つ折りにし、
丸く形作る

約9cm

2.くさり5目をあみ、花しんにとじつけ、
花にぬいとめる。このときに花の形を
整えてぬいとめるようにする

B   B

A

179

ハンドウォーマー

● サイズ　手のひらまわり20cm　丈20cm
● モチーフの大きさ　5cm角
● 用意するもの
糸／合太タイプのストレートヤーン
　[上・ピンク系]
　濃ピンク55g、赤30g
　[下・ブルー系]
　青紫55g、紺30g
針／3/0号かぎ針

● あみ方

糸は1本どり。モチーフの配色を参照し、指定の配色であみます。

1 モチーフは①(1枚め)から番号順にあみます。糸端を輪にする方法で作り目し、あみ方記号図のようにあみます。

2 モチーフの②(2枚め)からは、最終段(3段め)で引き抜きあみでつなぎながらあみます。⑩(10枚め)と⑪(11枚め)をつなぐときは、親指穴をあけながらつなぎます。

3 番号順に16枚をあみつなぎ、同じものを2枚あみます。

全体図

モチーフつなぎ　16枚

※モチーフの中の数字はモチーフをあんでつなぐ順番。
　同じものを2枚あむ

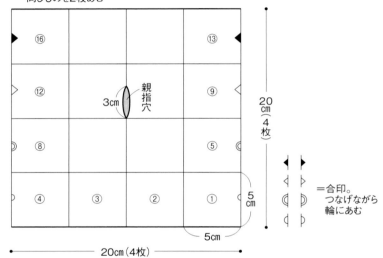

⑯　⑬
⑫　3cm 親指穴　⑨
⑧　⑤
④　③　②　①

20cm（4枚）
20cm(4枚)
5cm
5cm
=合印。つなげながら輪にあむ

モチーフの配色

	[ピンク系]	[ブルー系]
3段め	濃ピンク	青紫
2段め	赤	紺
1段め	濃ピンク	青紫

※濃ピンク、青紫は
108ページの要領で裏側に糸を渡して続けてあむ

4回巻き長あみ

※163ページのモチーフAを使い、わかりやすいように糸をかえています

1 針に糸を4回巻き、指定の位置に針を入れる。

2 針に糸をかけて引き出し、さらに針に糸をかけ、針にかかっている2つのループを引き抜く。

3 針に糸をかけ、2と同様に2つのループを引き抜く。

4 3を3回くり返す（写真は3回め）。

5 4回巻き長あみがあめた。

モチーフのあみ方記号図、モチーフのつなぎ方

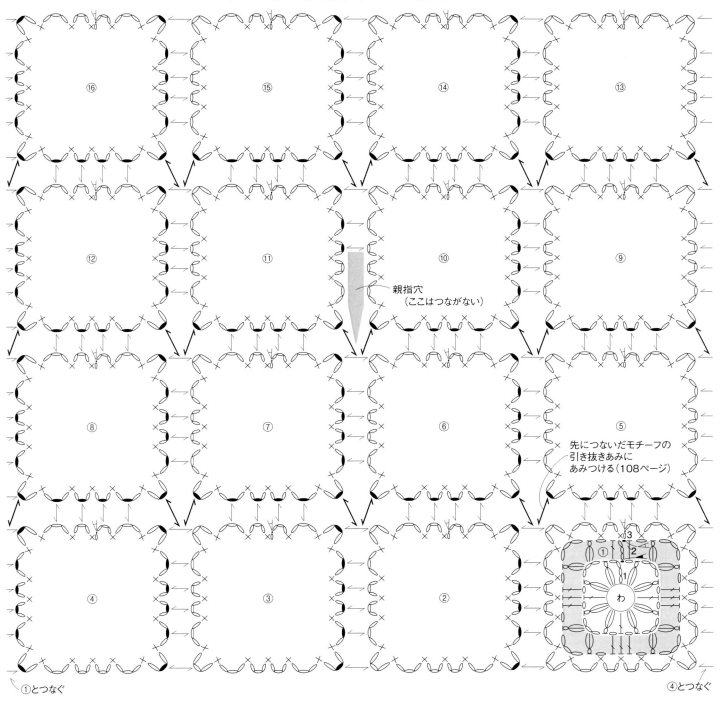

親指穴
（ここはつながない）

先につないだモチーフの
引き抜きあみに
あみつける（108ページ）

①とつなぐ

④とつなぐ

=中長あみ3目の変形玉あみ
（111ページ）

=糸をつける

=糸を切る

MOTIF* 75 photo→80ページ バッグ

- ●サイズ(持ち手を除く) 幅24cm 深さ26.5cm
- ●モチーフの大きさ 6cm角
- ●用意するもの
  糸／合太タイプのストレートヤーン
  　　　ベージュ、オフホワイト各80g、
  　　　グレーブラウン40g
  針／5/0号かぎ針

●あみ方

糸は1本どり。モチーフの配色を参照し、指定の配色であみます。

1 モチーフは①(1枚め)から番号順にあみます。糸端を輪にする方法で作り目し、あみ方記号図のようにあみます。

2 モチーフの②(2枚め)からは、最終段(3段め)で引き抜きあみでつなぎながらあみます。

3 番号順に44枚をあみつなぎます。

4 入れ口に縁あみを指定の配色で往復で輪に6段あみます。

5 持ち手はくさりあみで77目作り目し、指定の配色で往復に7段あみます。同じものを2本あみます。持ち手を縁あみの裏側にとじつけます。

全体図

モチーフつなぎ 44枚
※モチーフの中の数字はモチーフをあんでつなぐ順番

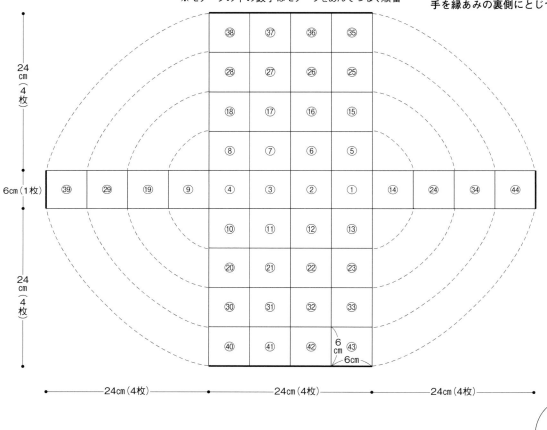

仕上げ方

モチーフと縁あみのあみ方記号図、モチーフのつなぎ方

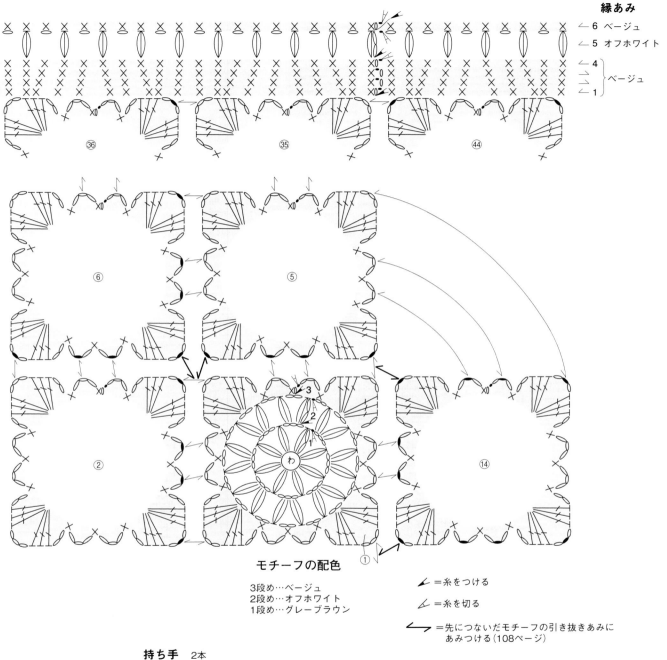

縁あみ

← 6 ベージュ

← 5 オフホワイト

4
3 } ベージュ
1

㊱　㉟　㊹

⑥　⑤

②　わ　⑭

3
2
1
①

モチーフの配色

3段め…ベージュ
2段め…オフホワイト
1段め…グレーブラウン

↙ =糸をつける

↙ =糸を切る

→ =先につないだモチーフの引き抜きあみに
　あみつける(108ページ)

持ち手　2本

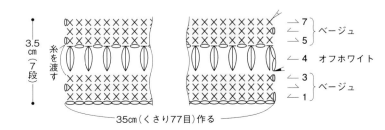

→ 7 } ベージュ
→ 5

← 4 オフホワイト

→ 3 } ベージュ
→ 1

3.5
㎝
(7段)

糸を渡す

35cm(くさり77目)作る

- ●サイズ（持ち手を除く）　幅33cm　深さ27.5cm
- ●モチーフの大きさ　8cm角
- ●用意するもの
  糸／極太タイプのモールヤーン
  　　ピンク100g、紫、ベージュ各80g、
  　　グリーン50g
  針／7/0号かぎ針
  付属品／幅2.3×長さ約38cmの革の持ち手
  　　　　こげ茶1組

- ●あみ方
  糸は1本どり。モチーフの配色を参照し、指定の配色であみます。
  1　モチーフはくさりあみを輪にする方法で作り目し、あみ方記号図のように、全部で24枚あみます。
  2　モチーフを表側にしてつき合わせ、半目のすくいはぎではぎます。
  3　持ち手を裏側にぬいつけます。

全体図

モチーフつなぎ　24枚
※合印どうしをはぐ

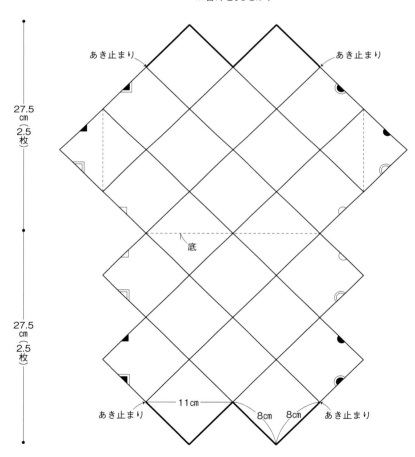

モチーフの配色

4段め	ベージュ
3段め	紫
2段め	ピンク
1段め	グリーン

モチーフのあみ方記号図、モチーフのつなぎ方

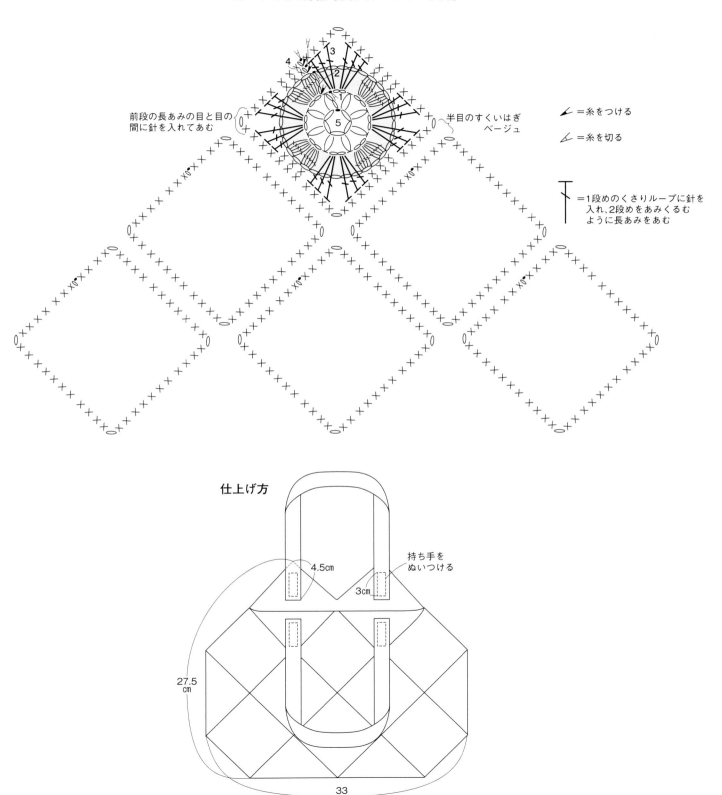

前段の長あみの目と目の
間に針を入れてあむ

半目のすくいはぎ
ベージュ

⟋ =糸をつける

⟋ =糸を切る

=1段めのくさりループに針を
入れ、2段めをあみくるむ
ように長あみをあむ

仕上げ方

4.5cm

持ち手を
ぬいつける

3cm

27.5
cm

33
cm

MOTIF*77 photo→83ページ　*バッグ*

● サイズ　幅32cm　深さ約21.5cm
● モチーフの大きさ　16cm角
● ゲージ　こま編み25.5目＝10cm　26段＝8.5cm
● 用意するもの
糸／合太タイプのストレートヤーン
　　ブルー75g、黒30g、赤20g、アッシュグリーン、
　　淡グリーン、グリーン各15g
針／5/0号かぎ針

● あみ方
糸は1本どり。モチーフの配色を参照し、指定の配色であみます。

1 モチーフは糸端を輪にする方法で作り目し、あみ方記号図のように、全部で4枚あみます。

2 モチーフを表側にしてつき合わせ、半目のすくいはぎではぎます。

3 入れ口に持ち手を往復で輪に26段あみますが12段あんだら、次の段の途中でくさりあみで33目作り目をして続けて14段あみます。

4 入れ口を内側に折ってまつります。

モチーフのあみ方記号図

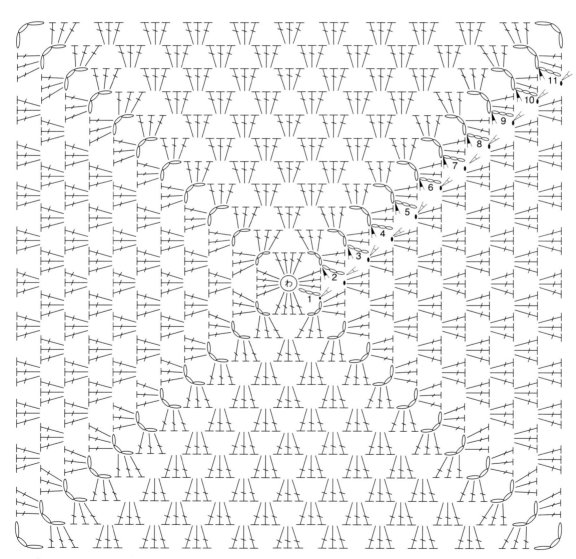

モチーフの配色	
11段め	黒
10段め	ブルー
9段め	アッシュグリーン
8段め	赤
7段め	黒
6段め	淡グリーン
5段め	グリーン
4段め	赤
3段め	ブルー
2段め	黒
1段め	アッシュグリーン

↗ ＝糸をつける

↘ ＝糸を切る

＝前段の長あみの目と目の間に針を入れて長あみをあむ

全体図

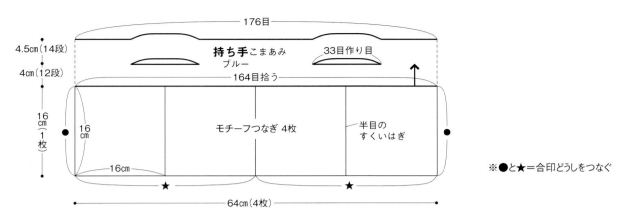

176目

4.5cm(14段)
4cm(12段)

持ち手こまあみ ブルー　　33目作り目

164目拾う

16cm(1枚)

16cm

16cm

モチーフつなぎ 4枚

半目のすくいはぎ

64cm(4枚)

※●と★＝合印どうしをつなぐ

持ち手のあみ方

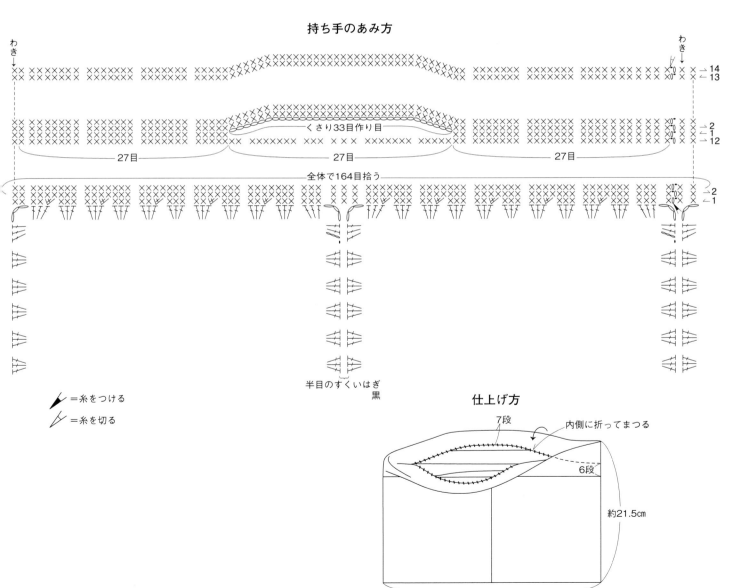

わき　　　　　　　　　　　　　　　　　　　　　　　　　　　　わき

14
13

くさり33目作り目

27目　　　　27目　　　　27目

全体で164目拾う

2
1
12

2
1

半目のすくいはぎ
黒

＝糸をつける

＝糸を切る

仕上げ方

7段

内側に折ってまつる

6段

約21.5cm

32cm

187

MOTIF* 73 photo→78ページ ミニマフラー

- ●サイズ　幅12cm　長さ100cm（フリンジを含む）
- ●モチーフの大きさ　4cm角
- ●用意するもの
  糸／中細タイプのストレートヤーン
  　　赤60g、シルバーグレー45g
  針／3/0号かぎ針

●あみ方

糸は1本どり。モチーフの配色を参照し、指定の配色で
あみます。

1　モチーフは①（1枚め）から番号順にあみます。糸端
を輪にする方法で作り目し、あみ方記号図のようにあみ
ます。

2　モチーフの②（2枚め）からは、最終段（4段め）で引
き抜きあみでつなぎながらあみます。

3　番号順に72枚をあみつなぎます。

4　両端にフリンジをつけます。

全体図

モチーフつなぎ　72枚

フリンジ　赤
長さ6cmの糸6本どりを
二つ折りにして7カ所結び、
切りそろえる

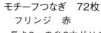

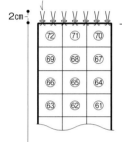

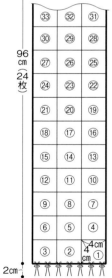

2cm

96cm（24枚）

2cm

←—12cm（3枚）—→

※モチーフの中の数字はモチーフを
　あんでつなぐ順番

モチーフの配色

4段め	赤
3段め	シルバーグレー
1、2段め	赤

モチーフのあみ方記号図、モチーフのつなぎ方

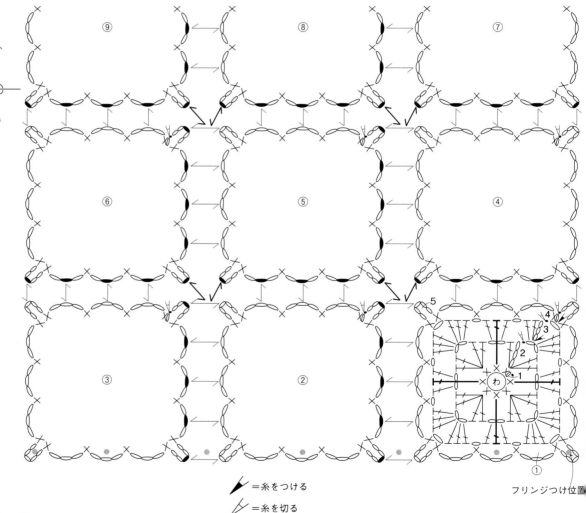

✎ =糸をつける

✎ =糸を切る

➝ =先につないだモチーフの引き抜きあみにあみつける（108ページ）

┬ =1段めのこまあみに2段めを
　あみくるむように長あみをあむ

フリンジつけ位置

188

● サイズ（持ち手を除く）　幅約34cm　深さ約17cm
● モチーフの大きさ　8cm角
● 用意するもの
糸／並太タイプのストレートヤーン　ブラウン60g、
　　オレンジ色45g、ブルーグリーン25g、イエロー10g
針／5/0号かぎ針

● あみ方
糸は1本どり。モチーフの配色を参照し、指定の配色であみ
ます。
① モチーフは①（1枚め）から番号順にあみます。糸端を輪に
する方法で作り目し、あみ方記号図のようにあみます。
② モチーフの②（2枚め）からは、最終段（4段め）で引き抜き
あみでつなぎながらあみます。
③ 番号順に24枚をあみつなぎます。
④ 「持ち手と入れ口の始末」の図と、あみ方記号図を参照し、
❶〜❸の順にあみます。

全体図
モチーフつなぎ　24枚
※モチーフの中の数字はモチーフをあんでつなぐ順番

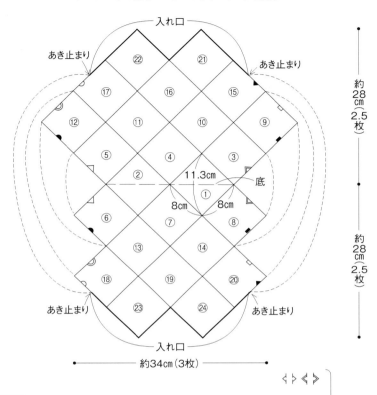

入れ口
あき止まり　　　　あき止まり
㉒　㉑
⑰　⑯　⑮
⑫　⑪　⑩　⑨
⑤　④　③
②　　11.3cm　底
①
8cm　8cm
⑥　⑦　⑧
⑬　⑭
⑱　⑲　⑳
あき止まり　　　　あき止まり
㉓　㉔
入れ口
約34cm（3枚）
約28cm（2.5枚）

合印。続けて輪にあむ

持ち手のあみ方

※「持ち手と入れ口の始末」の❷と❸を、持ち手の部分で解説しています（あみ方記号図は190、191ページ参照）。わかりやすいように、糸をかえています

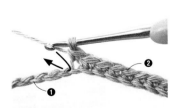

1　❷（持ち手の外側）の1段め。❶のくさりあみの裏山に針を入れ、こまあみをあむ。

2　2段め。あみ地の向きをかえ、1段めのこまあみの向こう側の糸1本に針を入れ、こまあみをあむ。

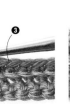

3　❸（持ち手の内側）の1段め。❶のくさりあみの向こう側の糸1本に針を入れ、こまあみをあむ。

4　2段めは2と同様にあむ。

持ち手と入れ口の始末

縁あみ　ブラウン
※❶〜❸の順にあむ

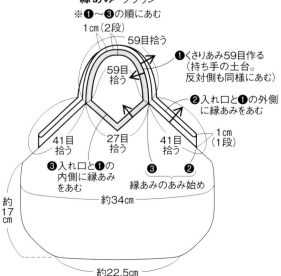

1cm（2段）
59目拾う
59目拾う
❶くさりあみ59目作る（持ち手の土台。反対側も同様にあむ）
❷入れ口と❶の外側に縁あみをあむ
41目拾う　27目拾う　41目拾う
1cm（1段）
❸入れ口と❶の内側に縁あみをあむ
縁あみのあみ始め
約34cm
約17cm
約22.5cm

次ページに続く→

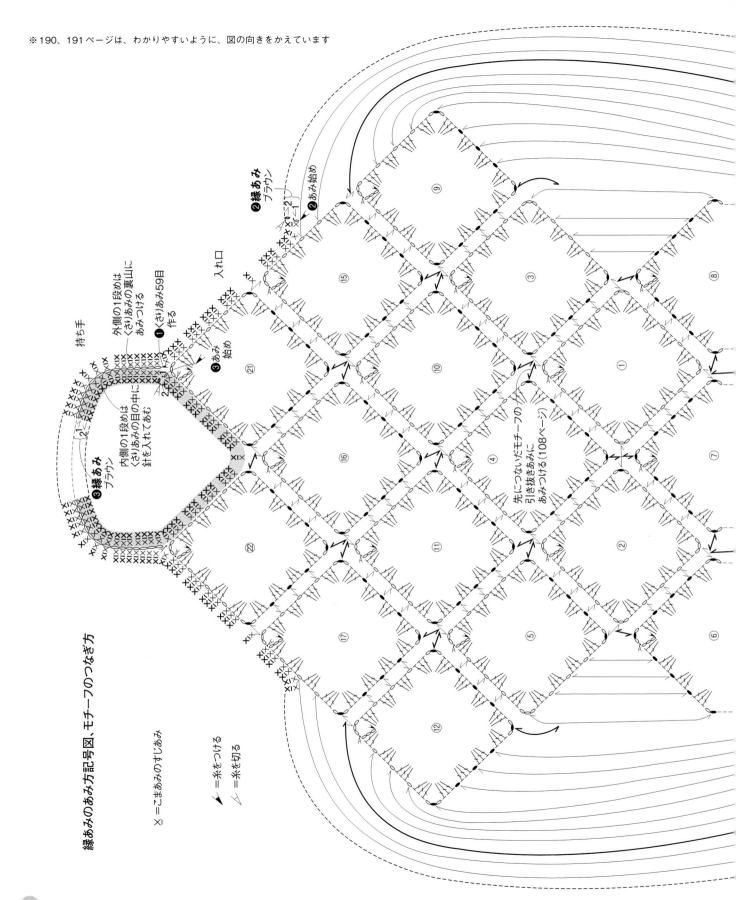

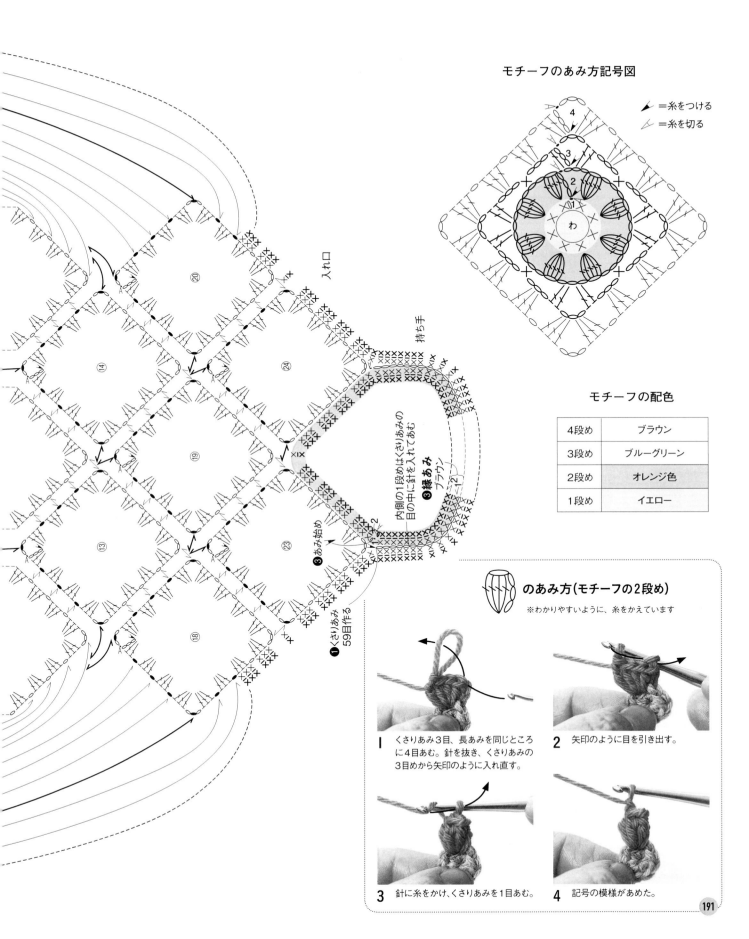

モチーフのあみ方記号図

◢ =糸をつける
◣ =糸を切る

わ

4
3
2
1

入れ口

持ち手

内側の1段めはくさりあみの
目の中に針を入れてあむ
❸縁あみ
ブラウン

−12−

❸あみ始め

❶くさりあみ
59目作る

モチーフの配色

4段め	ブラウン
3段め	ブルーグリーン
2段め	オレンジ色
1段め	イエロー

のあみ方(モチーフの2段め)
※わかりやすいように、糸をかえています

1 くさりあみ3目、長あみを同じところに4目あむ。針を抜き、くさりあみの3目めから矢印のように入れ直す。

2 矢印のように目を引き出す。

3 針に糸をかけ、くさりあみを1目あむ。

4 記号の模様があめた。

●サイズ　32.5cm角
●モチーフの大きさ　4.5cm角
●用意するもの
糸／中細タイプのストレートヤーン
　[グリーン系] ベージュ50g、黄緑25g、
　　グリーン20g
　[赤系] ベージュ50g、黄緑25g、赤20g
針／2/0号かぎ針

●あみ方
糸は1本どり。モチーフの配色を参照し、指定の配色であみます。

1 モチーフは①（1枚め）から番号順にあみます。糸端を輪にする方法で作り目し、あみ方記号図のようにあみますが1〜3段めは裏から見た図になっているのであむ方向を逆にします。4段めはあみ地を裏返し、2段めの糸で続けてあみます（108ページ「糸の渡し方」参照）。

2 モチーフの②（2枚め）からは、最終段（4段め）で引き抜きあみでつなぎながらあみます。

3 番号順に40枚をあみつなぎます。

全体図
モチーフつなぎ　40枚
※モチーフの中の数字はモチーフをあんでつなぐ順番

6.5cm
4.5cm　4.5cm
32.5cm（5枚）

① ② ③ ④ ⑤ ⑥ ⑦ ⑧ ⑨ ⑩ ⑪ ⑫ ⑬ ⑳ ㉑ ㉘ ㉙ ㉚ ㉞ ㉟ ㊳ ㊴ ㊵

32.5cm（5枚）

モチーフのあみ方記号図、モチーフのつなぎ方

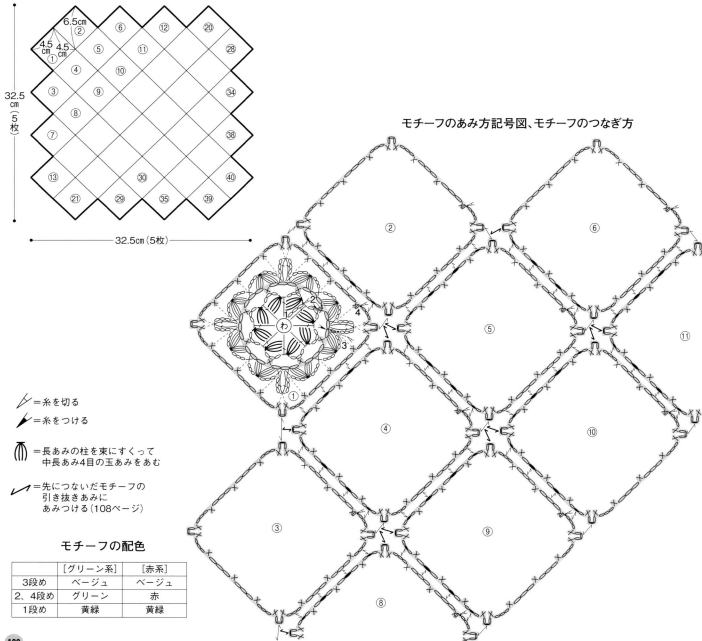

✂=糸を切る

➤=糸をつける

=長あみの柱を束にすくって中長あみ4目の玉あみをあむ

=先につないだモチーフの引き抜きあみにあみつける（108ページ）

モチーフの配色

	[グリーン系]	[赤系]
3段め	ベージュ	ベージュ
2、4段め	グリーン	赤
1段め	黄緑	黄緑

クッション

● サイズ　40cm角
● モチーフの大きさ　8cm角
● 用意するもの
糸／合太タイプのストレートヤーン
　　ブルー、淡グリーン、赤、黒各60g、
　　オフホワイト、オレンジ色、
　　グリーン各40g
針／4/0号かぎ針
付属品／40cm角のヌードクッション

● あみ方
糸は1本どり。モチーフの配色を参照し、指定の配色で
あみます。
1　モチーフは①(1枚め)から番号順にあみます。糸端
を輪にする方法で作り目し、あみ方記号図のようにあみ
ます。
2　モチーフの②(2枚め)からは、最終段(8段め)で引
き抜きあみでつなぎながらあみます。
3　番号順にモチーフを全部で50枚をあみつなぎなが
ら、クッションを中に入れます。

全体図　モチーフつなぎ　50枚
（表側①〜㉕、裏側㉖〜㊿）

※モチーフの中の数字は
　モチーフをあんでつなぐ順番
　㉕まであみつないだら、
　㉖から㊺までは合印どうしも
　引き抜きあみでつなぎながらあむ。
　クッションを入れ㊻〜㊿をあみつなぐ

モチーフのあみ方記号図、モチーフのつなぎ方

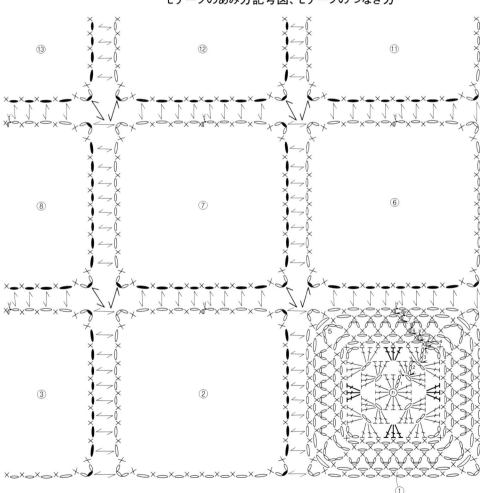

モチーフの配色

8段め	淡グリーン
7段め	赤
6段め	ブルー
5段め	オフホワイト
4段め	グリーン
3段め	黒
2段め	オレンジ色
1段め	赤

＝糸をつける　　＝糸を切る

＝前段の長あみの目と目の間に針を入れて長あみをあむ

＝先につないだモチーフの引き抜きあみにあみつける(108ページ)

MOTIF*81＝A、82＝B、83＝Cと表記しています

●サイズ(モチーフの大きさ)
[左・中央]8.5㎝角　[右]8㎝角
●用意するもの
糸／中細タイプのストレートヤーン
　[左・A]チャコールグレー2.5g、えんじ1.5g
　[中央・B]グリーン、チャコールグレー各1.5g
　[右・C]紺、チャコールグレー各1.5g
針／3/0号かぎ針

●あみ方
糸は1本どり。モチーフの配色を参照し、指定の配色で
あみます。
Aはくさりあみを輪にする方法で作り目、B、Cは糸端
を輪にする方法で作り目し、それぞれあみ方記号図のよ
うにあみます。

モチーフのあみ方記号図

A

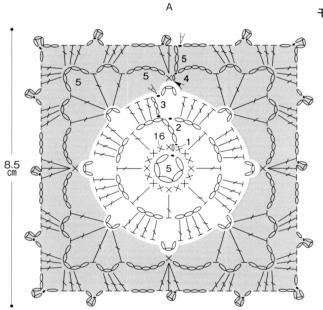

8.5 cm

B

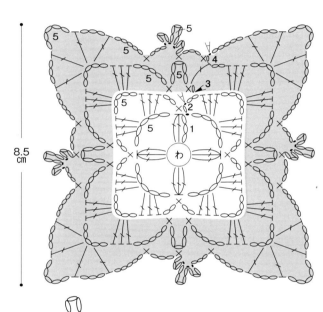

8.5 cm

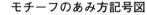

✕ のあみ方は162ページ

↙ ＝糸をつける
↙ ＝糸を切る

C

8 cm

モチーフの配色

	A	B	C
5段め	チャコールグレー		
4段め		チャコールグレー	チャコールグレー
3段め	えんじ	チャコールグレー	チャコールグレー
2段め	えんじ		
1段め	えんじ	グリーン	紺

MOTIF* **84** photo→87ページ **ミニマット**

- ●サイズ　36×27cm
- ●モチーフの大きさ　9cm角
- ●用意するもの
  糸／中細タイプのストレートヤーン
  　　　ベージュ、淡茶、黄茶、淡グリーン各15g
  針／3/0号かぎ針

●あみ方

糸は1本どり。モチーフの配色と枚数を参照し、指定の配色であみます。
1 モチーフA〜Dは①（1枚め）から番号順にあみます。糸端を輪にする
方法で作り目し、あみ方記号図のようにあみます。
2 モチーフの②（2枚め）からは、最終段（5段め）で引き抜きあみでつなぎ
ながらあみます。
3 番号順にモチーフA〜Dを全部で12枚あみつなぎます。

全体図　モチーフつなぎ　12枚
※モチーフの中の数字はモチーフをあんでつなぐ順番

B ⑫	A ⑪	D ⑩	C ⑨
C ⑧	B ⑦	A ⑥	D ⑤
D ④	C ③	B ②	A ①

27cm（3枚）
9cm
9cm
36cm（4枚）

モチーフのあみ方記号図、モチーフのつなぎ方

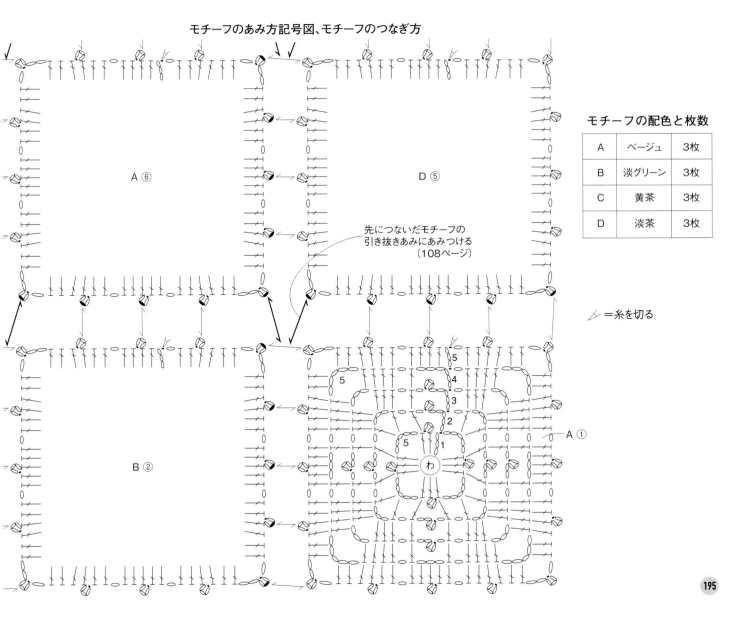

A ⑥

D ⑤

先につないだモチーフの
引き抜きあみにあみつける
（108ページ）

B ②

A ①

⤢＝糸を切る

モチーフの配色と枚数

A	ベージュ	3枚
B	淡グリーン	3枚
C	黄茶	3枚
D	淡茶	3枚

MOTIF*85 photo→93ページ ミニショール

● サイズ　幅108cm　丈約31cm
● モチーフの大きさ　1辺が9cmの三角形
● 用意するもの
糸／中細タイプのストレートヤーン
　　　淡ブルー80g、生なり60g
針／3/0号かぎ針

● あみ方
糸は1本どり。モチーフの配色を参照し、指定の配色で
あみます。
1　モチーフは①（1枚め）から番号順にあみます。糸端
を輪にする方法で作り目し、あみ方記号図のようにあみ
ます。
2　モチーフの②（2枚め）からは、最終段（5段め）で引
き抜きあみでつなぎながらあみます。
3　番号順に80枚をあみつなぎます。

全体図

モチーフつなぎ　80枚

※モチーフの中の数字はモチーフをあんでつなぐ順番

108cm（12枚）

約31cm（4枚）

9cm

9cm

7.8cm

72cm（8枚）

モチーフのあみ方記号図、モチーフのつなぎ方

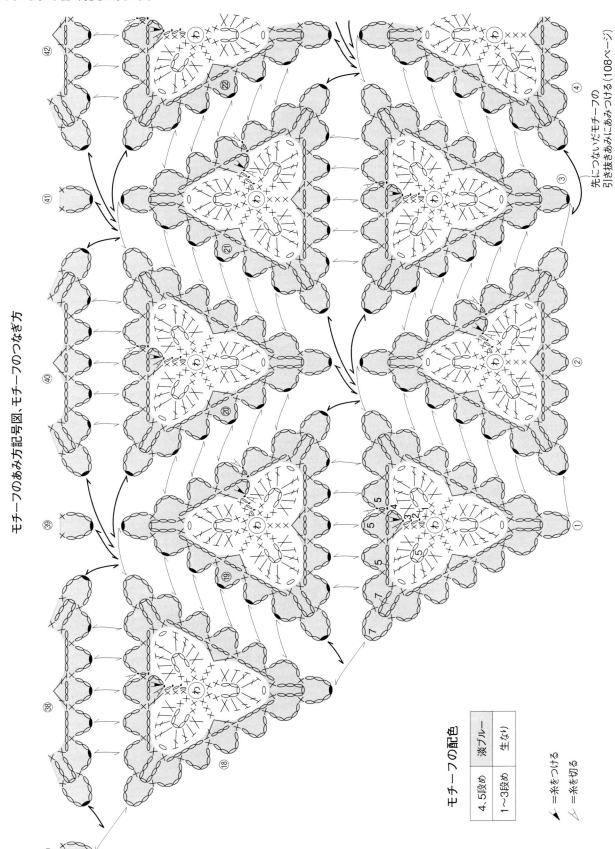

先につないだモチーフの
引き抜きあみにあみつける(108ページ)

モチーフの配色

	淡ブルー
4、5段め	
1〜3段め	生なり

◤ =糸をつける
◣ =糸を切る

MOTIF*86 photo →94ページ　ひざかけ

● サイズ　幅86cm　丈85cm
● モチーフの大きさ　1辺5cmの六角形
● 用意するもの
糸／合太タイプのストレートヤーン
　　ベージュ110g、赤、濃ブルー、グリーン各50g、
　　アッシュグリーン、オレンジ色各40g、
　　ブルー、淡グリーン、マゼンタ各30g、
　　ローズ20g
針／5/0号かぎ針

● あみ方
糸は1本どり。モチーフの配色と枚数を参照し、指定の
配色であみます。
1 モチーフA〜Jは①（1枚め）から番号順にあみます。
糸端を輪にする方法で作り目し、あみ方記号図のように
あみます。
2 モチーフの②（2枚め）からは、最終段（4段め）で引
き抜きあみでつなぎながらあみます。
3 番号順にモチーフA〜Jを全部で105枚あみつなぎ
ます。

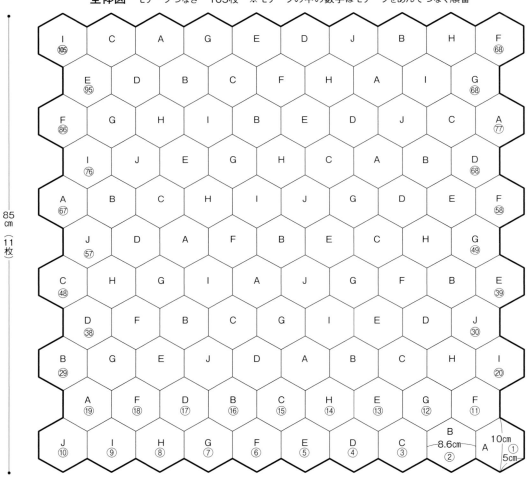

全体図　モチーフつなぎ　105枚　※モチーフの中の数字はモチーフをあんでつなぐ順番

85cm（11枚）

86cm（10枚）

モチーフの配色と枚数
※4段めはすべてベージュ

	A 10枚	B 12枚	C 11枚	D 11枚	E 11枚	F 10枚	G 12枚
3段め	赤	オレンジ色	ブルー	グリーン	赤	濃ブルー	アッシュグリーン
2段め	グリーン	濃ブルー	淡グリーン	アッシュグリーン	アッシュグリーン	ローズ	オレンジ色
1段め	淡グリーン	赤	濃ブルー	オレンジ色	マゼンタ	アッシュグリーン	赤

モチーフのあみ方記号図、モチーフのつなぎ方

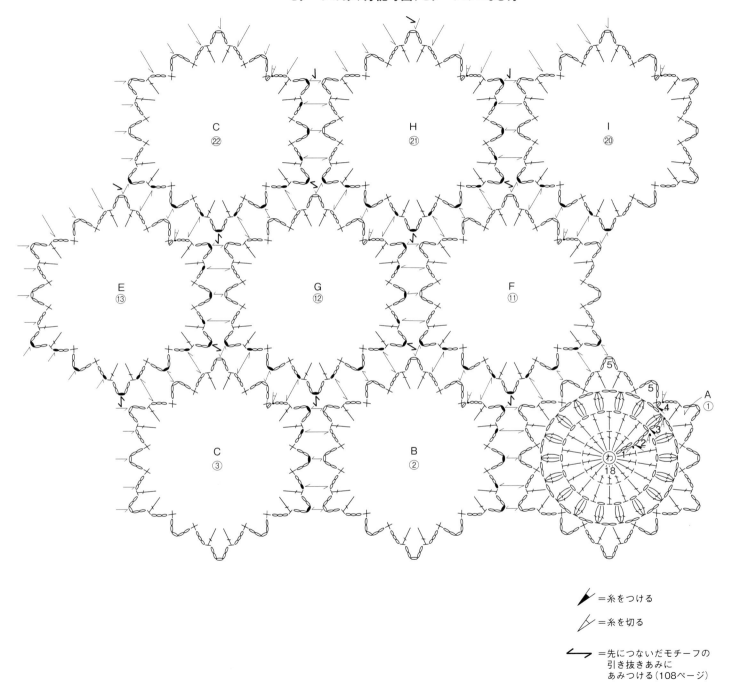

✎ =糸をつける

✎ =糸を切る

⟶ =先につないだモチーフの
引き抜きあみに
あみつける(108ページ)

H 10枚	I 9枚	J 9枚
マゼンタ	グリーン	濃ブルー
グリーン	赤	ブルー
淡グリーン	ブルー	ローズ

ストール

● サイズ　幅110cm　丈52cm
● モチーフの大きさ　1辺10cmの三角形
● 用意するもの
糸／中細タイプのストレートヤーン
　　　オフホワイト200g
針／3/0号かぎ針

● あみ方
糸は1本どりであみます。

1 モチーフは①(1枚め)から番号順にあみます。糸端を輪にする方法で作り目し、あみ方記号図のようにあみます。

2 モチーフの②(2枚め)からは、最終段(3段め)で引き抜きあみでつなぎながらあみます。

3 番号順に96枚をあみつなぎます。

全体図
モチーフつなぎ　96枚
※モチーフの中の数字はモチーフをあんでつなぐ順番

110cm (11枚)

10cm
8.7cm
10cm

52cm (6枚)

50cm (5枚)

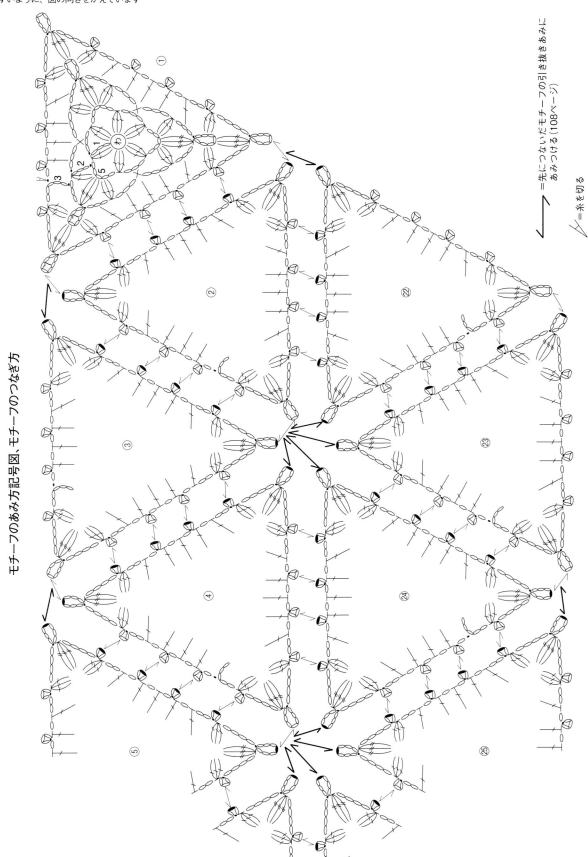

モチーフのあみ方記号図、モチーフのつなぎ方

⌐ =先につないだモチーフの引き抜きをあみに
あみつける（108ページ）

/ =糸を切る

MOTIF* 88 photo→97ページ ショール

● サイズ　幅約120cm　丈40cm
● モチーフの大きさ　1辺が5cmの六角形
● 用意するもの
糸／並太タイプのストレートヤーン
　　　ホワイト150g
針／5/0号かぎ針

● あみ方
糸は1本どりであみます。

1　モチーフは①（1枚め）から番号順にあみます。くさりあみを輪にする方法で作り目し、あみ方記号図のようにあみます。

2　モチーフの②（2枚め）からは、最終段（3段め）で引き抜きあみでつなぎながらあみます。

3　番号順に48枚をあみつなぎます。

全体図
モチーフつなぎ　48枚
※モチーフの中の数字はモチーフをあんでつなぐ順番

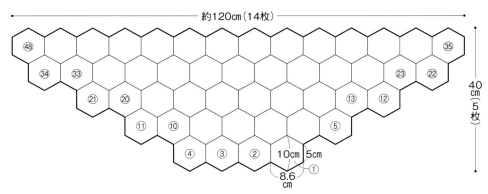

モチーフのあみ方記号図、モチーフのつなぎ方

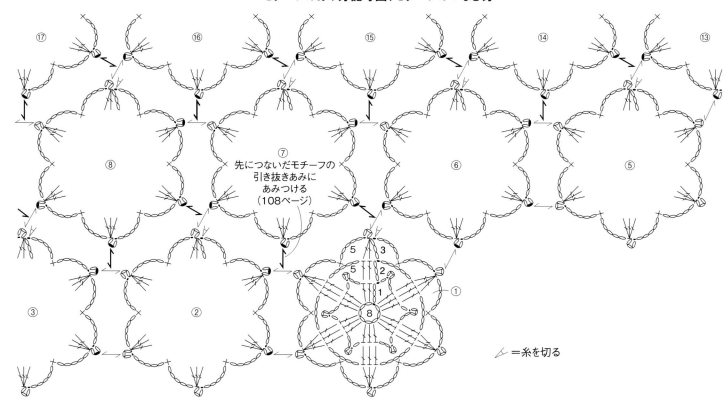

⑦ 先につないだモチーフの引き抜きあみにあみつける（108ページ）

✂ ＝糸を切る

MOTIF* 90 photo→99ページ ミニストール

- ●サイズ　幅21cm　丈154cm
- ●モチーフの大きさ
  1辺が2.9cmの八角形
- ●用意するもの
  糸／細タイプのモヘアヤーン
  　　グレイッシュピンク70g、
  　　淡ピンク55g、濃ピンク20g
  針／4/0号かぎ針

- ●あみ方
  糸は1本どり。モチーフの配色と枚数を参照し、指定の配色であみます。
  1　モチーフA、Bは①（1枚め）から番号順にあみます。くさりあみを輪にする方法で作り目し、あみ方記号図のようにあみます。
  2　モチーフの②（2枚め）からは、最終段（3段め）で引き抜きあみでつなぎながらあみます。
  3　番号順にモチーフA、Bを全部で66枚あみつなぎます。

モチーフのあみ方記号図、モチーフのつなぎ方

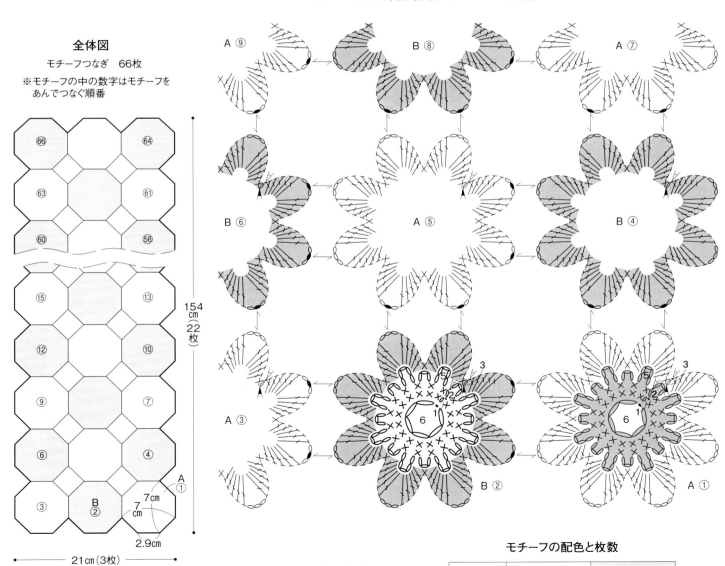

全体図

モチーフつなぎ　66枚

※モチーフの中の数字はモチーフをあんでつなぐ順番

154cm（22枚）

21cm（3枚）

7cm　7cm　2.9cm

A①　B②　③　④　⑥　⑦　⑨　⑩　⑫　⑬　⑮　58　60　61　63　64　66

↙＝糸をつける
↘＝糸を切る

モチーフの配色と枚数

	A　33枚	B　33枚
3段め	淡ピンク	グレイッシュピンク
1、2段め	グレイッシュピンク	濃ピンク

203

MOTIF* 89 photo →98ページ　ストール

- ●サイズ　幅128cm　丈約43cm
- ●モチーフの大きさ　1辺4.5cmの六角形
- ●用意するもの
- 糸／中細タイプのストレートヤーン
  - 淡ベージュ130g、
  - グリーン60g、
  - ベージュ40g
- 針／3/0号かぎ針

- ●あみ方
- 糸は1本どり。モチーフの配色を参照し、指定の配色であみます。
- **1**　モチーフは①（1枚め）から番号順にあみます。くさりあみを輪にする方法で作り目し、あみ方記号図のようにあみます。
- **2**　モチーフの②（2枚め）からは、最終段（6段め）で引き抜きあみでつなぎながらあみます。
- **3**　番号順に81枚をあみつなぎます。

全体図

モチーフつなぎ　81枚
※モチーフの中の数字はモチーフをあんでつなぐ順番

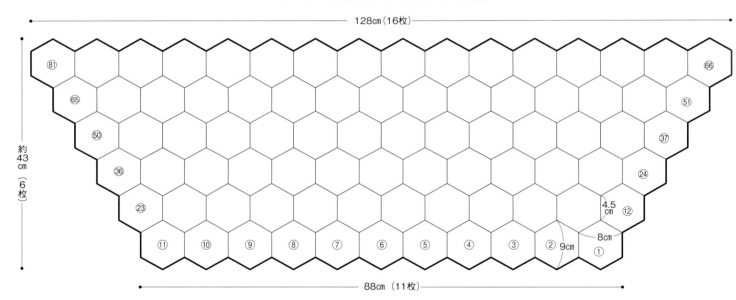

モチーフのあみ方記号図、モチーフのつなぎ方

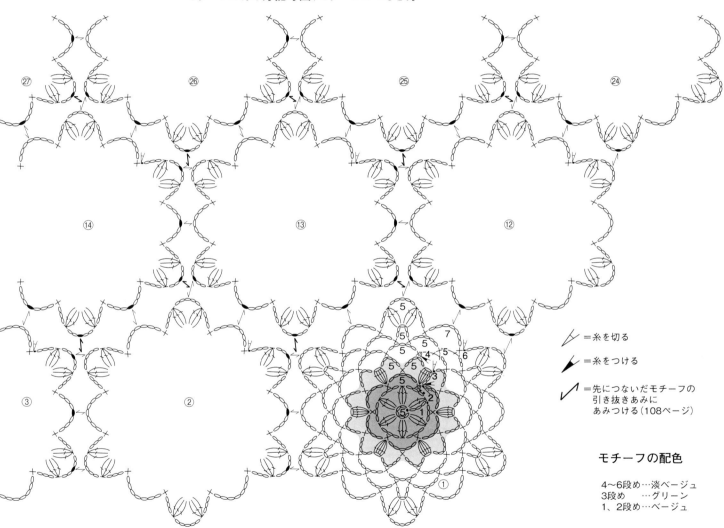

⑦ ⑥ ⑤ ④

⑭ ⑬ ⑫

③ ② ①

$\diagdown$ =糸を切る

$\blacktriangleleft$ =糸をつける

$\diagup$ =先につないだモチーフの
引き抜きあみに
あみつける(108ページ)

モチーフの配色

4〜6段め…淡ベージュ
3段め　　…グリーン
1、2段め…ベージュ

変形ミニショール

● サイズ
幅96cm　丈約21cm
● モチーフの大きさ
1辺が12cmの三角形
● 用意するもの
糸／並太タイプのストレートヤーン
　イエロー65g、
　グリーン30g
針／5/0号かぎ針

● あみ方
糸は1本どり。モチーフの配色を参照し、指定の配色であみます。

1 モチーフは①（1枚め）から番号順にあみます。糸端を輪にする方法で作り目し、あみ方記号図のようにあみます。

2 モチーフの②（2枚め）からは、最終段（3段め）で引き抜きあみでつなぎながらあみます。

3 番号順に22枚をあみつなぎます。

全体図

モチーフつなぎ　22枚

※モチーフの中の数字はモチーフをあんでつなぐ順番

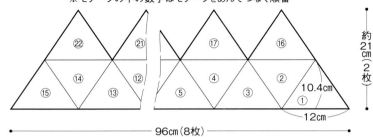

約21cm（2枚）

10.4cm
12cm

96cm（8枚）

モチーフのあみ方記号図、モチーフのつなぎ方

モチーフの配色

3段め	イエロー
2段め	グリーン
1段め	イエロー

※イエローは108ページの要領で裏側に糸を渡して続けてあむ

＝中長あみ3目の変形玉あみ（111ページ）

＝糸をつける

＝糸を切る

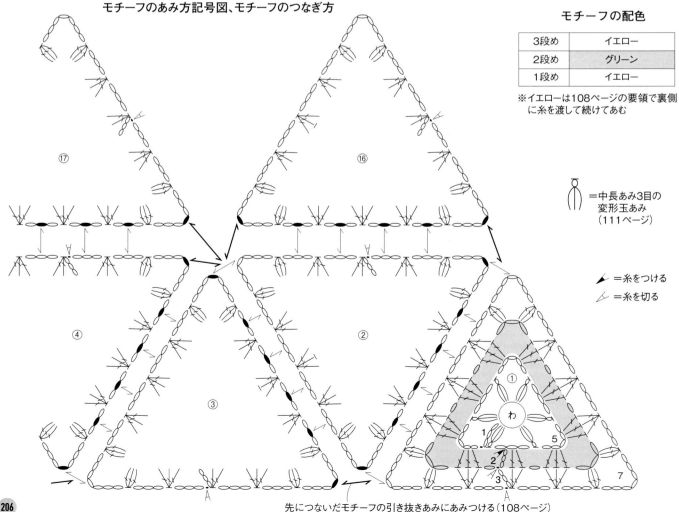

先につないだモチーフの引き抜きあみにあみつける（108ページ）

206

MOTIF* 92　photo→101ページ　ミニストール

- ●サイズ（約）　幅140cm　丈29cm
- ●モチーフの大きさ
1辺が4.5cmの六角形
- ●用意するもの
糸／合太タイプのストレートヤーン
赤、濃ピンク各90g、紫70g
針／4/0号かぎ針

●あみ方
糸は1本どり。モチーフの配色と枚数を参照し、指定の配色であみます。

1　モチーフA、B、Cは①（1枚め）から番号順にあみます。くさりあみを輪にする方法で作り目し、あみ方記号図のようにあみます。

2　モチーフの②（2枚め）からは、最終段（4段め）で引き抜きあみでつなぎながらあみます。

3　番号順にモチーフA、B、Cを全部で72枚あみつなぎます。

全体図

モチーフつなぎ　72枚
※モチーフの中の数字はモチーフをあんでつなぐ順番

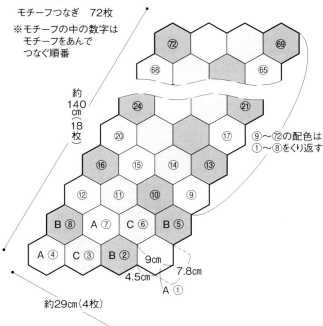

⑨～72の配色は①～⑧をくり返す

約140cm（18枚）

9cm
7.8cm
4.5cm

約29cm（4枚）

モチーフのあみ方記号図、モチーフのつなぎ方

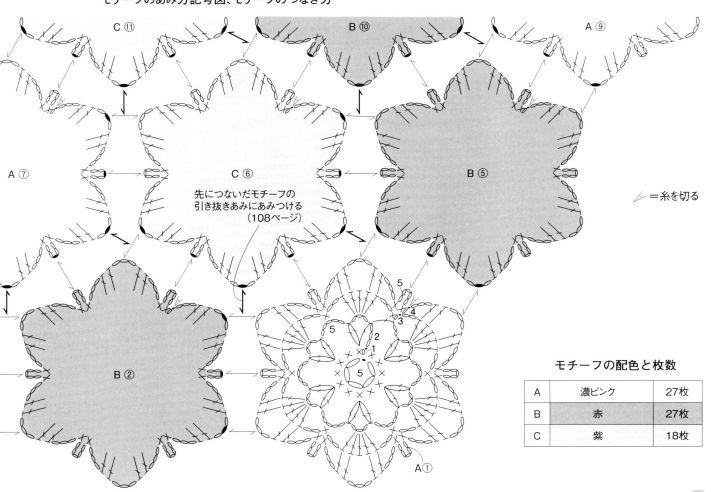

C⑪　　B⑩　　A⑨

A⑦　　C⑥　　B⑤

先につないだモチーフの
引き抜きあみにあみつける
（108ページ）

＝糸を切る

B②　　A①

モチーフの配色と枚数

A	濃ピンク	27枚
B	赤	27枚
C	紫	18枚

マフラー

● サイズ　幅15cm　長さ約119cm
● モチーフの大きさ
1辺が2.5cmの六角形
● 用意するもの
糸／合太タイプのストレートヤーン
生なり60g、淡グリーン40g、
ピンク25g
針／4/0号かぎ針

● あみ方　糸は1本どり。モチーフの配色と枚数を参照し、
指定の配色であみます。
1　モチーフA～Dは①（1枚め）から番号順にあみます。く
さりあみを輪にする方法で作り目し、あみ方記号図のように
あみます。
2　モチーフの②（2枚め）からは、最終段（3段め）で引き抜
きあみでつなぎながらあみます。
3　番号順にモチーフA～Dを全部で68枚あみつなぎます。

モチーフのあみ方記号図、
モチーフのつなぎ方

↘ ＝糸をつける
↗ ＝糸を切る

全体図

モチーフつなぎ　68枚
※モチーフの中の数字は
　モチーフをあんでつなぐ順番

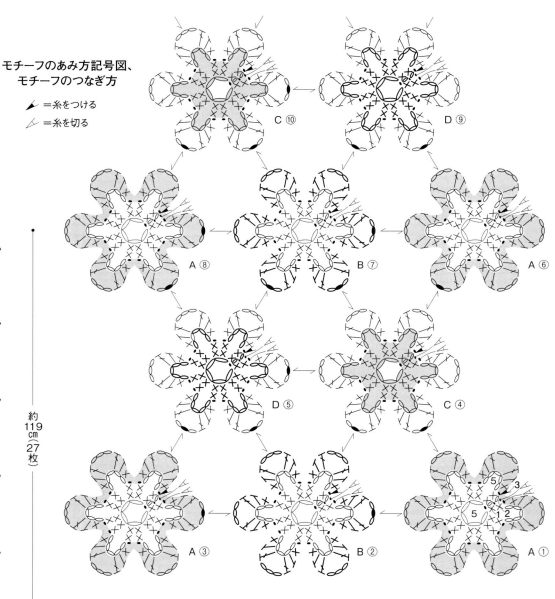

約
119
cm
（27
枚）

くり返す

A ①
5
cm
約
4.4
cm
2.5cm

← 15cm（3枚）→

モチーフの配色と枚数

	A　28枚	B　14枚	C　13枚	D　13枚
3段め	淡グリーン	ピンク	生なり	生なり
1、2段め	生なり	生なり	淡グリーン	ピンク

MOTIF* 98 photo→105ページ ミニマフラー

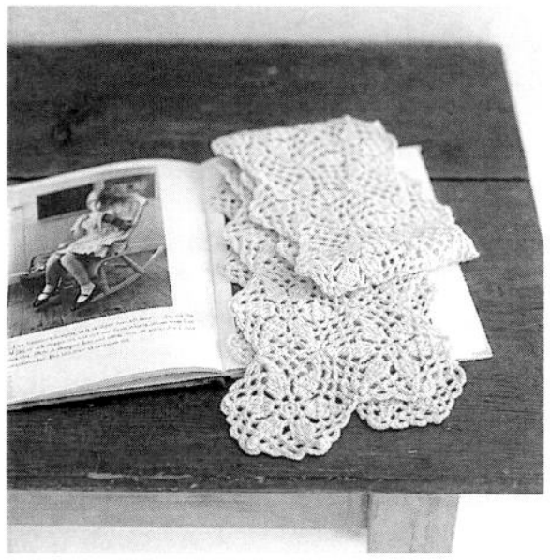

●サイズ　幅14cm　長さ84cm
●モチーフの大きさ　1辺4cmの六角形
●用意するもの
糸／中細タイプのストレートヤーン
　ペールブルー55g
針／3/0号かぎ針

●あみ方
糸は1本どりであみます。
1　モチーフは①(1枚め)から番号順にあみます。糸端を輪にする方法で作り目し、あみ方記号図のようにあみます。
2　モチーフの②(2枚め)からは、最終段(6段め)で引き抜きあみでつなぎながらあみます。
3　番号順に24枚をあみつなぎます。

全体図

モチーフつなぎ　24枚

※モチーフの中の数字は
モチーフをあんでつなぐ順番

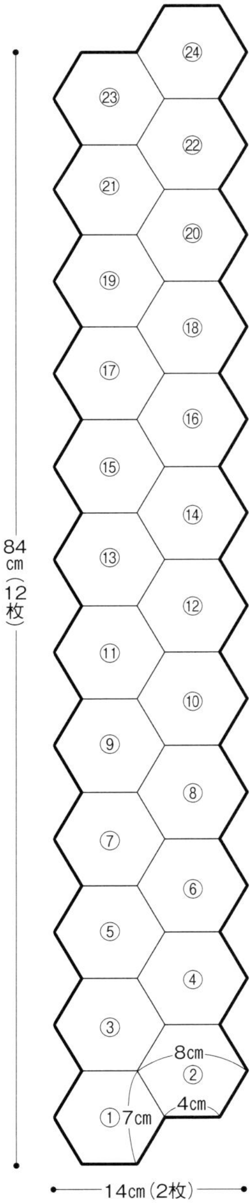

24
23
22
21
20
19
18
17
16
15
14
13
12
11
10
9
8
7
6
5
4
3
2
1
84cm(12枚)
8cm
7cm
4cm
14cm(2枚)

モチーフのあみ方記号図、モチーフのつなぎ方

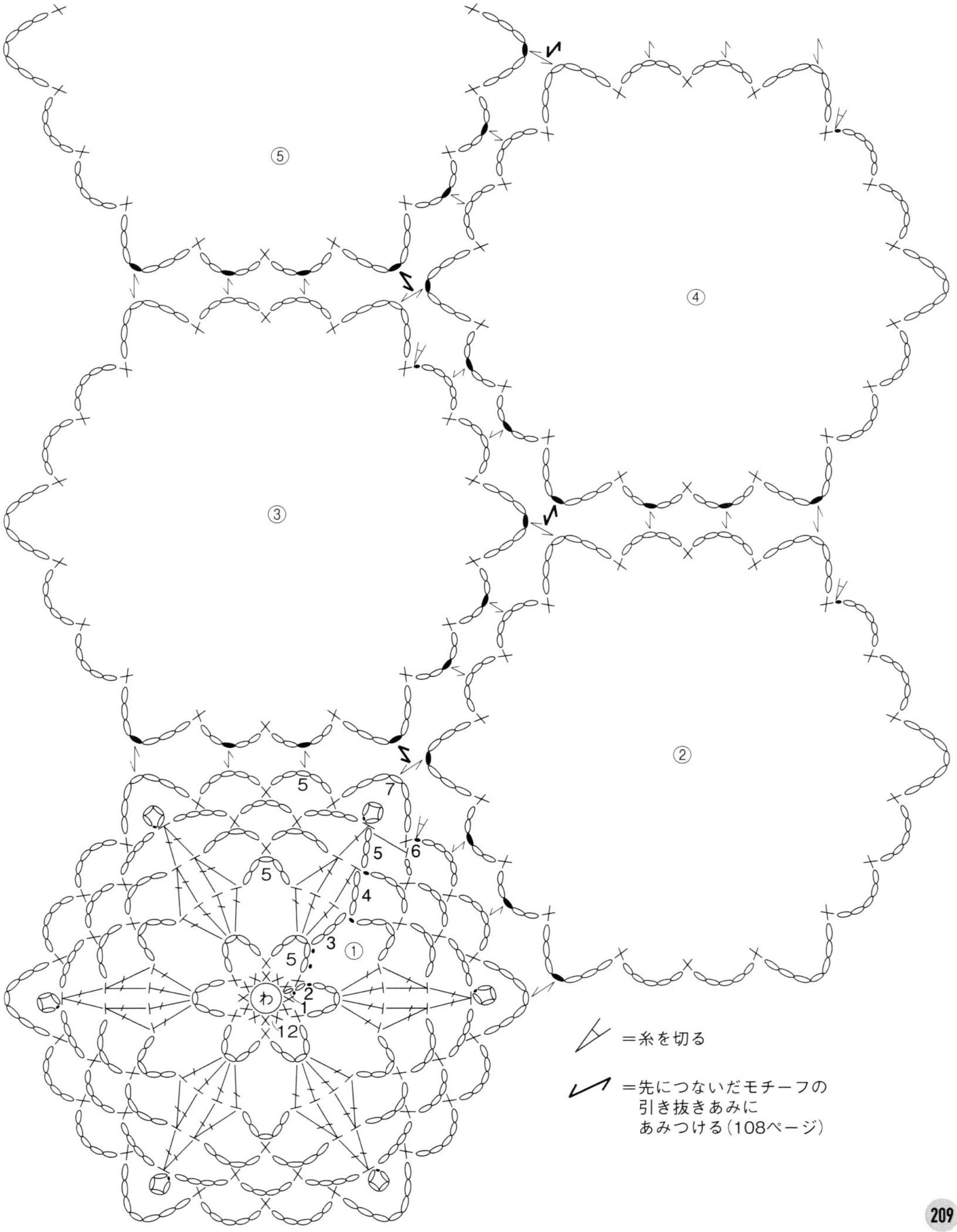

⑤
④
③
②
①
わ

＝糸を切る

＝先につないだモチーフの
引き抜きあみに
あみつける(108ページ)

ミニマフラー

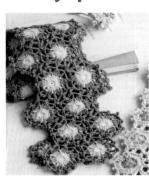

●サイズ　幅12cm　長さ101.5cm
●モチーフの大きさ　1辺が3.5cmの六角形
●用意するもの
糸／合太タイプのストレートヤーン
　　　チャコールグレー55g、ベージュ30g、
　　　生なり10g
針／4/0号かぎ針

●あみ方
糸は1本どり。モチーフの配色を参照し、指定の配色で
あみます。

1　モチーフは①（1枚め）から番号順にあみます。糸端
を輪にする方法で作り目し、あみ方記号図のようにあみ
ます。

2　モチーフの②（2枚め）からは、最終段（3段め）で引
き抜きあみでつなぎながらあみます。

3　番号順に38枚をあみつなぎます。

モチーフのあみ方記号図、モチーフのつなぎ方

全体図

モチーフつなぎ　38枚
※モチーフの中の数字は
　モチーフをあんでつなぐ順番

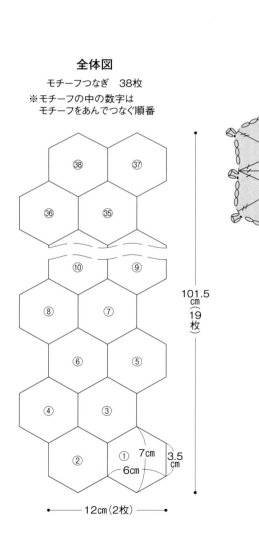

101.5cm（19枚）

7cm

3.5cm

6cm

12cm（2枚）

先につないだ
モチーフの
引き抜きあみに
あみつける
（108ページ）

モチーフの配色

3段め	チャコールグレー
2段め	ベージュ
1段め	生なり

↘ ＝糸をつける
↗ ＝糸を切る

MOTIF* 95 photo→103ページ（右）　ミニマフラー

● サイズ　幅約11cm　長さ99cm
● モチーフの大きさ
1辺が3.2cmの六角形
● 用意するもの
糸／合太タイプのストレートヤーン
　　　ベージュ50g、ピンク、ブルー各15g
針／4/0号かぎ針

● あみ方
糸は1本どり。モチーフの配色と枚数を参照し、指定の
配色であみます。
① モチーフA、Bは①（1枚め）から番号順にあみます。
糸端を輪にする方法で作り目し、あみ方記号図のように
あみます。
② モチーフの②（2枚め）からは、最終段（2段め）で引
き抜きあみでつなぎながらあみます。
③ 番号順にモチーフA、Bを全部で36枚あみつなぎます。

全体図
モチーフつなぎ　36枚
※モチーフの中の数字はモチーフをあんでつなぐ順番

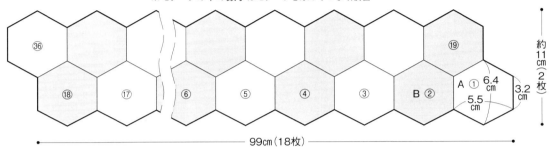

	A　18枚	B　18枚
	モチーフの配色と枚数	
2段め	ベージュ	ベージュ
1段め	ピンク	ブルー

モチーフのあみ方記号図、モチーフのつなぎ方

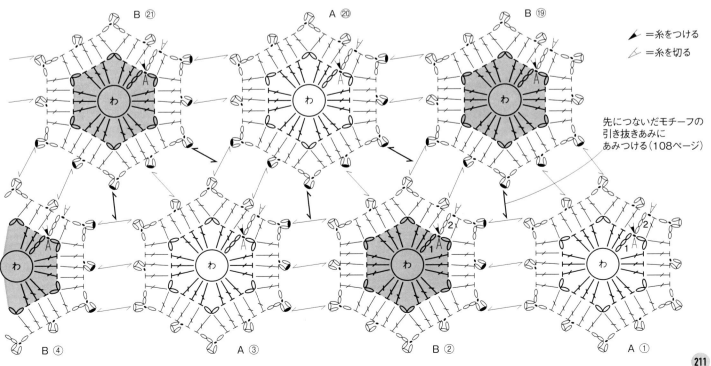

↘ ＝糸をつける
↗ ＝糸を切る

先につないだモチーフの
引き抜きあみに
あみつける（108ページ）

MOTIF* 96　photo→104ページ（左）　ミニマフラー

●サイズ　幅14cm　長さ105cm
●モチーフの大きさ
1辺が4cmの六角形
●用意するもの
糸／中細タイプのストレートヤーン
　　淡紫、ホワイト各25g
針／3/0号かぎ針

●あみ方
糸は1本どり。モチーフの配色と枚数を参照し、指定の
配色であみます。
1　モチーフA、Bは①（1枚め）から番号順にあみます。
糸端を輪にする方法で作り目し、あみ方記号図のように
あみます。
2　モチーフの②（2枚め）からは、最終段（3段め）で引
き抜きあみでつなぎながらあみます。
3　番号順にモチーフA、Bを全部で30枚あみつなぎます。

全体図　モチーフつなぎ　30枚

※モチーフの中の数字はモチーフをあんでつなぐ順番

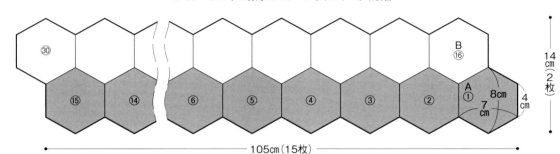

モチーフの配色と枚数

	A　15枚	B　15枚
3段め	淡紫	ホワイト
2段め	ホワイト	淡紫
1段め	淡紫	ホワイト

※Aの淡紫、Bのホワイトは108ページの
要領で裏側に糸を渡して続けてあむ

モチーフのあみ方記号図、モチーフのつなぎ方

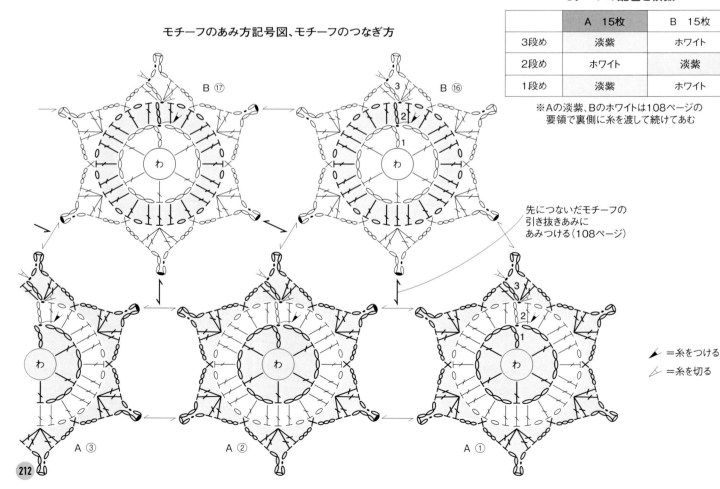

先につないだモチーフの
引き抜きあみに
あみつける（108ページ）

↘ ＝糸をつける
↗ ＝糸を切る

ミニマフラー

- ●サイズ　幅約12cm　長さ114cm
- ●モチーフの大きさ
1辺が3.5cmの六角形
- ●用意するもの
糸／中細タイプのストレートヤーン
　　紺、こげ茶各15g、
　　からし色、ブルー各10g
針／3/0号かぎ針

●あみ方

糸は1本どり。モチーフの配色と枚数を参照し、指定の
配色であみます。

1　モチーフA、Bは①（1枚め）から番号順にあみます。
糸端を輪にする方法で作り目し、あみ方記号図のように
あみます。

2　モチーフの②（2枚め）からは、最終段（3段め）で引き
抜きあみでつなぎながらあみます。

3　番号順にモチーフA、Bを全部で38枚あみつなぎます。

全体図

モチーフつなぎ　38枚

※モチーフの中の数字はモチーフをあんでつなぐ順番

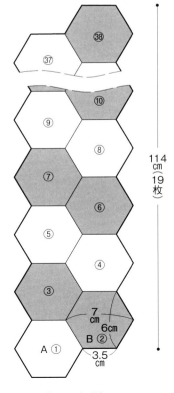

モチーフのあみ方記号図、モチーフのつなぎ方

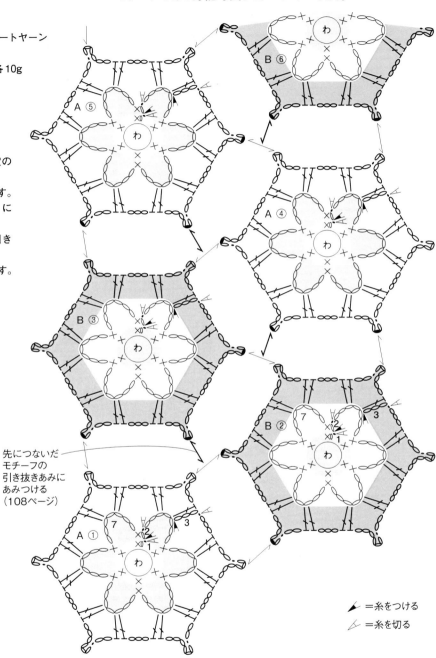

先につないだ
モチーフの
引き抜きあみに
あみつける
（108ページ）

▶ ＝糸をつける

↗ ＝糸を切る

モチーフの配色と枚数

	A　19枚	B　19枚
3段め	紺	こげ茶
2段め	ブルー	からし色
1段め	からし色	ブルー

213

MOTIF* 100 photo→107ページ 巾着

- ●サイズ　幅21cm　深さ約28.5cm
- ●モチーフの大きさ　1辺約1.8cmの六角形
- ●用意するもの
  糸／合太タイプのストレートヤーン
  　　［赤］赤100g
  　　［ベージュ］ベージュ100g
  針／5/0号、6/0号かぎ針
  付属品／直径12mmのニットリング91個

- ●あみ方
糸は指定以外1本どりであみます。

1　モチーフは①（1枚め）から番号順にあみます。ニットリングに中長あみ3目の玉あみをあみ入れ、あみ方記号図のようにあみます。

2　モチーフの②（2枚め）からは、最終段（2段め）で引き抜きあみでつなぎながらあみます。

3　番号順に91枚をあみつなぎます。

4　入れ口に縁あみを1段あみます。

5　ひもは2本どりでくさりあみを100目あみます。同じものを2本あみます。

6　飾りは2本どりで糸端を輪にする方法で作り目し、最終段（4段め）の目に糸を通してしぼります。同じものを2個あみます。

7　ひもを指定の位置に左右から通し、ひも先に飾りをつけます。

全体図　モチーフつなぎ　91枚

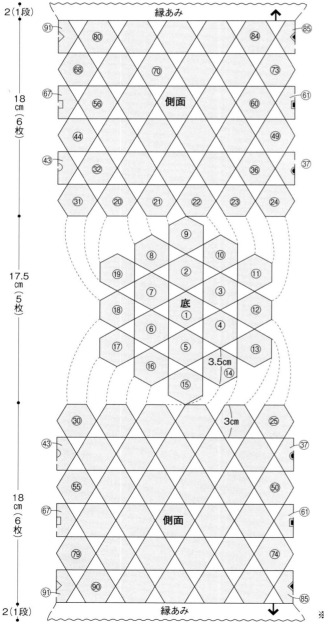

2(1段)

18cm（6枚）

17.5cm（5枚）

18cm（6枚）

2(1段)

3.5cm　3cm

21cm(6枚)

仕上げ方

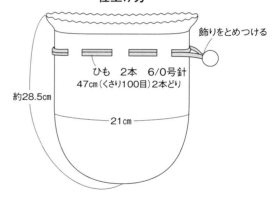

飾りをとめつける

ひも　2本　6/0号針
47cm（くさり100目）2本どり

約28.5cm

21cm

飾り　2個

2本どり　6/0号針

糸を長めに残して切り、最終段の6目の
頭に糸を通し、残り糸を入れてしぼる

※モチーフの中の数字は
モチーフをあんでつなぐ順番

モチーフのあみ方記号図、モチーフのつなぎ方
5/0号針

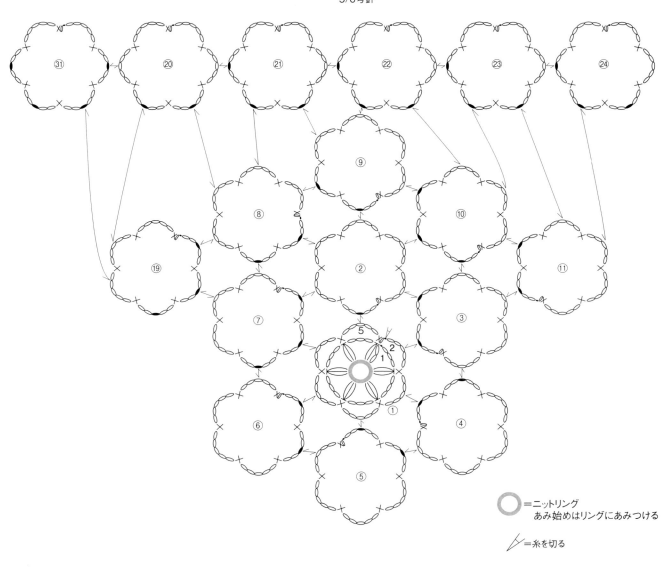

⭕ =ニットリング
あみ始めはリングにあみつける

╱╱ =糸を切る

縁あみのあみ方記号図とひもの通し方

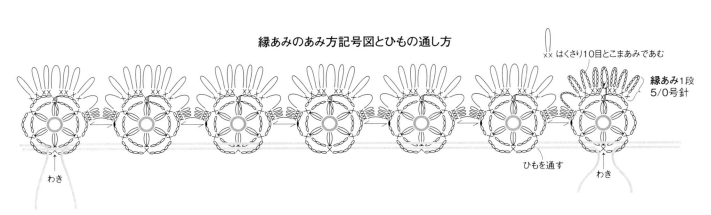

×× はくさり10目とこまあみであむ

縁あみ1段
5/0号針

ひもを通す

わき

MOTIF* 99 photo→106ページ ミニマフラー

- ●サイズ　幅10.5cm　長さ104cm
- ●モチーフの大きさ（大）　1辺2cmの六角形
- ●用意するもの
  糸／合太タイプのストレートヤーン
  　　濃赤、ローズ、マゼンタ、
  　　パープル各40g、赤、ピンク各少々
  針／5/0号かぎ針

- ●あみ方
  糸は1本どり。モチーフの配色と枚数を参照し、指定の配色であみます。

  1　モチーフA、B、C、Dは①（1枚め）から番号順にあみます。糸端を輪にする方法で作り目し、あみ方記号図のようにあみます。

  2　モチーフの②（2枚め）からは、最終段（2段め）で引き抜きあみでつなぎながらあみます。

  3　番号順にモチーフA、B、C、Dを78枚あみつなぎます。

  4　モチーフA、B、C、Dの間にモチーフE、Fを全部で50枚あみます。A、B、C、Dと同様に作り目し、最終段（1段め）で引き抜きあみでつなぎながらあみます。

全体図
モチーフつなぎ
A〜D　78枚　E、F　50枚
※モチーフA〜Dの中の数字は
　モチーフをあんでつなぐ順番

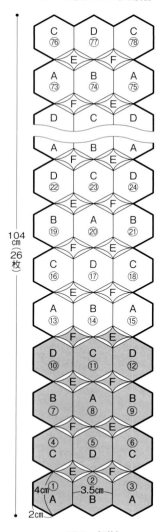

モチーフのあみ方記号図、モチーフのつなぎ方

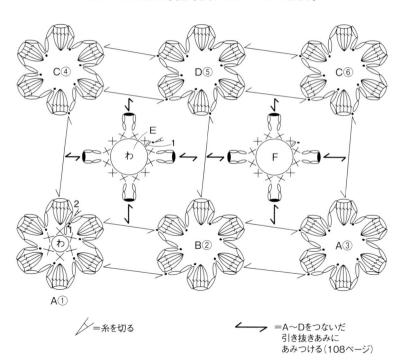

／＝糸を切る

⟶ ＝A〜Dをつないだ
　引き抜きあみに
　あみつける（108ページ）

モチーフの配色と枚数

A 20枚	B 19枚	C 20枚	D 19枚	E 25枚	F 25枚
ローズ	パープル	濃赤	マゼンタ	ピンク	赤

▨ をくり返す

テクニックガイド

くさりあみ目

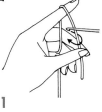

1
かぎ針を矢印のよう
にまわして糸をかける

2
かぎ針に糸をかけ、
矢印のように引き出す

3
糸端を引くと、くさり
あみの作り目ができる

4
針に糸をかけ、矢印
のように引き抜く。く
さりあみが1目できる

5
4をくり返す

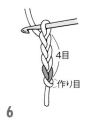

6
作り目は太い糸や特
別なとき以外は目数
に数えない

こまあみ目

1
くさり1目で立ち上がり、
作り目の1目めをすくう

2
針に糸をかけ、矢印のよ
うに引き出す

3
針に糸をかけ、針にか
かっている2つのループ
を一度に引き抜く

4
1目でき上がり。1～3
をくり返す

5
立ち上がりは目数に数
えない

中長あみ目

1
くさり2目で立ち上がる。
針に糸をかけ、作り目の
2目めをすくう

2
針に糸をかけ、矢印のよ
うにくさり2目分の高さ
まで引き出す

3
この状態を「未完成の中長
あみ」と呼ぶ。針に糸をか
け、針にかかっているループ
を一度に引き抜く

4
1目でき上がり。1～3を
くり返す

5
立ち上がりは最初の1目
に数える

長あみ目

1
くさり3目で立ち上が
る。針に糸をかけ、作り
目の2目めをすくう

2
針に糸をかけ、矢印の
ように引き出す

3
針に糸をかけ、矢印の
ように2つのループを
一度に引き抜く

4
この状態を「未完成の
長あみ」と呼ぶ。もう一
回針に糸をかけ、針に
かかっている2つのルー
プを一度に引き抜く

5
1目でき上がり。1～4を
くり返す

6
立ち上がりは最初の
1目に数える

長々あみ目

1
くさり4目で立ち上がる。針に糸を2回巻き、作り目の2目めをすくい、糸を引き出す

2
針に糸をかけ、矢印のように2ループを引き抜く

3
針に糸をかけ、次の2ループを引き抜く

4
この状態を「未完成の長々あみ」と呼ぶ。もう一回針に糸をかけ、残りの2ループを引き抜く

5
1目でき上がり。1〜4をくり返す

6
立ち上がりは最初の1目に数える

三つ巻き長あみ目

1
くさり5目で立ち上がる。針に糸を3回巻き、作り目の2目めをすくい、糸を引き出す

2
「針に糸をかけ、2ループ引き抜く」を3回くり返す

3
針に糸をかけ、残りの2ループを引き抜く

4
1目でき上がり。1〜3をくり返す

5
立ち上がりは最初の1目に数える

引き抜きあみ目 （長あみにあみつける場合）

1
あみ地の右側を手前側にまわして向きをかえる

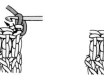

2
立ち上がりのくさりあみはあまずに、端の目をすくう

3
針に糸をかけ、矢印のように一度に引き抜く

4
2〜3をくり返すが、あみ地がつれないように長めに糸を引き出す

こまあみ2目あみ入れる

1
こまあみを1目あみ、同じところに針を入れる

2
こまあみをあむ

3
でき上がり

こまあみ3目あみ入れる

1
こまあみを1目あみ、同じところにもう1目あむ

2
同じところにこまあみをもう1目あむ

3
でき上がり。2目増える。前段の同じ目にこまあみを3目あみ入れた状態

4
3目あみ入れたところは角ができる

長あみを2目あみ入れる

1 長あみを1目あみ、同じ目にもう一度針を入れる

2 針に糸をかけ、残りの2ループを引き抜く。2目の高さをそろえてあむ

3 でき上がり

長あみを3目あみ入れる

3目の高さをそろえて同じ目にあみ入れる

こまあみ2目一度

1 こまあみと同様に糸を引き出す

2 次の目に1と同様に糸を引き出す

3 2目を一度にあむ

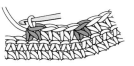

4 右の目が上に重なり、1目減る

長あみ2目一度

1 針に糸をかけ、矢印をすくって糸を引き出す

2 針に糸をかけ、未完成の長あみ（→p.217）をあむ

3 針に糸をかけ、1と同様に糸を引き出す

4 未完成の長あみを、1目めと高さをそろえてあむ

5 針に糸をかけ、全部のループを一度に引き抜く

6 でき上がり

長あみ3目一度　　長あみ5目一度

長あみ2目一度の要領で未完成の長あみ3目（5目）をあみ、ループを一度に引き抜く

バックこまあみ目

くさり1目

1 くさり1目で立ち上がる。針を手前側からまわして矢印のようにすくう

2 針に糸をかけて、矢印のように引き出す

3 こまあみと同じ要領であむ

4 1～3をくり返し、左側から右側へあみ進む

5 縁あみの最後の段に使う

こまあみのうねあみ

1 前段の頭のくさり目の向こう側の糸だけをすくう

2 こまあみをあむ

3 毎段向きをかえて往復あみであむ。2段で一つのうねができる

中長あみ3目の玉あみ目

1 針に糸をかけ、中長あみの要領で糸を少し長めに引き出す。未完成の中長あみ（→p.217）

2 針に糸をかけ、同じところをすくい、1と同様に糸を引き出す（2目め）

3 同じ要領で、1目め、2目めが短くならないように注意して、3目めの糸を引き出す

4 針に糸をかけて左手でループの根元を押さえ、針にかかっているループを一度に引き抜く

5 玉の部分と頭のくさり目の部分がずれてあめる

中長あみ2目の玉あみ目

 中長あみ3目の玉あみ目の要領で未完成の中長あみ2目をあみ、針に糸をかけて一度に引き抜く

長あみ3目の玉あみ目

1 未完成の長あみ（→p.217）をあむ（1目め）

2 同じところに未完成の長あみをあむ（2目め）

3 3目めも同様にあむ

4 針に糸をかけ、一度に引き抜く

5 でき上がり

長々あみ3目の玉あみ目

 長あみ3目の玉あみ目の要領で未完成の長々あみ（→p.218）3目をあみ、針に糸をかけて一度に引き抜く

長あみ5目のパプコーンあみ目

1 長あみをあむ

2 同じところに長あみを5目あみ入れる

3 針を抜き、矢印のように1目めから入れ直す

4 矢印のように目を引き出す

5 針に糸をかけ、くさりあみの要領で1目あむ。この目が頭になる

6 でき上がり

くさりあみ3目のピコット（こまあみにあみつける場合）

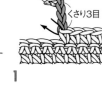

1 くさり3目をあむ。矢印のようにこまあみの頭半目と柱の糸1本をすくう

2 針に糸をかけ、全部の糸を一度にきつめに引き抜く

3 でき上がり。次の目にこまあみをあむ

4 1目前のこまあみの上についたようになる

こまあみ裏引き上げあみ目

1 前段の柱を向こう側から針を入れてすくう

2 針に糸をかけて矢印のようにあみ地の向こう側に引き出す

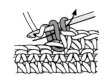

3 少し長めに糸を引き出し、こまあみの要領であむ

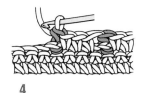

4 前段の頭のくさり目が手前側（表側）に向いてあめる。裏側を見てあむときは表引き上げあみ目をあむ

コイルあみ（5回巻きの場合）

1 針に糸を5回巻き、前段の目の頭に針を入れる

2 糸を引き出し、巻いた5目を引き抜く

3 1目ずつ引き抜いていくとやりやすい

4 針に糸をかけ、引き抜く

5 コイルあみ（5回巻き）1目のでき上がり

円形のあみ始め　●くさりあみを輪にする方法

1 指定の目数のくさりあみをあみ、矢印に針を入れる

2 引き抜いて輪にする

3 立ち上がりのくさりあみをあむ

4 くさりあみと糸端を一緒に束にすくい、こまあみを必要目数あむ

5 最初の目に引き抜く

6 あみ上がり。中心に穴があき、1段めの目数が多い場合に使う方法

●糸端を輪にする方法（2回巻き）

1 指に糸を2回巻きつけ、二重の輪を作る

2 輪を指からはずし、矢印のように糸を引き出す

3 立ち上がりのくさりあみをあむ

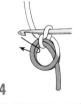

4 輪を束にすくって必要目数をあむ

5 糸端を少し引っぱる

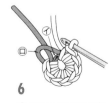

6 ㋑の糸を矢印の方向に引く

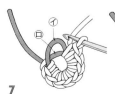

7 ㋑の糸をしっかり引っぱり、㋺の糸を引きしめる

8 糸端を引いて㋑の糸を引きしめる

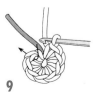

9 最初の目の頭をすくう

10 きつめに引き抜く

11 あみ上がり。中心に穴があかず、ゆるまない

配色糸のかえ方

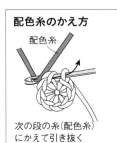

次の段の糸（配色糸）にかえて引き抜く

●リングにあみつける方法（こまあみの場合）

1 図のように針に糸をかける

2 針に糸をかけて矢印の方向に引き抜く

3 リングの下を、手前から向こう側に糸をくぐらせて糸をかける

4 かけた糸を手前に引き出し、再び針に糸をかけて矢印の方向に引き抜く

5 1目めのでき上がり

6 3、4をくり返して必要目数をあむ。中のリングが見えないようにきっちりあむ

モチーフのつなぎ方

あみ上がってからつなぐ方法

●巻きかがり（全目かがり）

1 2枚をつき合わせにし、角のくさり目どうしをすくい、引きしめる

2 向き合った目をすくい、一針ごとに糸を引く

3 かがった糸が斜めに渡る。横方向を先に全部つないでおく

4 たて方向も横方向（1〜3）と同じ要領で、角は穴があかないようにつなぐ

5 四角形や六角形など直線のものをつなぐ場合に適した方法でかがった糸も飾りになる

●巻きかがり（半目かがり）

1 モチーフを表側につき合わせにし、向き合った目の内側の1本をすくい、一針ごとに糸を引く

2 横方向を全部つないでから、たて方向をつなぐ。全目かがりより薄手に仕上がる

●すくいはぎ（半目）

1 モチーフを表側にしてつき合わせ、あみ目の外側半目をはぎ代にして角を返し針にする

2 次からは1目ずつすくいながらはぐ

引き抜きあみであみながらつなぐ方法

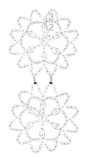

1
1枚めのモチーフに針を入れ、引き抜きあみをきつめにあむ

2
くさりあみをあむ

3
あみ進む

4
でき上がり

針を入れかえてくさりあみでつなぐ方法

1
針をはずし、矢印のように1枚めのモチーフから入れかえる

2
2枚めの目を引き出す

3
1枚めのループをくるむようにくさりあみをあむ

4
くさりあみをあんで、あみ進む

5
でき上がり

針を入れかえて長あみでつなぐ方法

1
針をはずし、1枚めのモチーフから矢印のように入れかえる

2
針にかかっている目を引き出す

3
針に糸をかけて長あみをあむ

4
中央の目の頭がつながる

 と  の区別

根元がついている場合

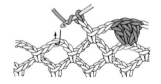

前段の1目に全部の目をあみ入れる場合は根元をつけて書きます。前段がくさりあみのときはくさり目の1本と裏側の山をすくってあみます。

根元が離れている場合

前段がくさりあみのとき、一般的にはくさりあみを全部すくってあみます。（「束にすくう」と言います）

■モチーフ・作品デザイン

河合真弓 Mayumi Kawai
ニットデザイナー。ヴォーグ編物指導者養成校卒業後、とびないえいこ主宰「工房とびない」のアシスタントを経て独立。あみ物スタイルブックをはじめ、手作り雑誌、各糸メーカーにてさまざまな手あみ作品を発表するなど、幅広く活躍中。近著に『[増補改訂版]はじめてのアイリッシュ・クロッシェレースモチーフ100』(日本ヴォーグ社)。

岡本啓子 Keiko Okamoto
ニットデザイナー、Atelier K'sK主宰。「あみ物」の壁を超えた自由な発想でトレンドを意識した作品を発表。全国に多くのファンを持つ。指導者として神戸、大阪、東京、横浜、名古屋であみ物教室の講師も務める。公益財団法人・日本手芸普及協会理事。近刊に『リフ編みのあったかこもの』(ブティック社)。

風工房 Kazekoubou
ニットデザイナー。武蔵野美術大学で舞台美術を専攻後、独学であみ物を習得し、20代から作家活動を始める。シェトランド諸島やロンドンの伝統あみ物から、独自のデザインを生み出す。近年は、海外の出版物でもデザインを提供。講師活動でもあみ物の楽しさを伝えている。近著に『まきもの』(文化出版局)。

本書は、2016年発行の『愛蔵版モチーフつなぎ50』(河合真弓著)、2017年発行の『新装版かぎ針あみのモチーフ50』(ともに主婦の友社刊)から再編集した改訂版です。
また、『新装版かぎ針あみのモチーフ50』は、2007年、2008年発行の『モチーフつなぎ』(雄鶏社刊)の増補改訂版です。

以下、[新装版]は、『新装版かぎ針あみのモチーフ50』、[愛蔵版]は、『愛蔵版モチーフつなぎ50』

■製作STAFF
[新装版]
井戸本早百合　笠川美代子　木戸典子　京免雅子　小出映子
児島文恵　小室喜久恵　佐伯寿賀子　住友登與子　武井裕子
土谷美由起　中垣直美　中川好子　中村千穂子　新田弘子
松原悦子　宮崎満子　宮本真由美　矢野晶子　横田千枝　渡辺洋子
[愛蔵版]
石川君枝　沖田喜美子　合田フサ子　関谷幸子　高間志呂子
羽生明子　堀口みゆき　松本良子

■STAFF
装丁・レイアウト　堀江京子(netz.inc)
表紙、モチーフ図鑑製作協力　河合真弓　羽田美香　田中利佳
撮影
佐山裕子(主婦の友社)
カバー、モチーフ図鑑／本文 [愛蔵版]
渡辺淑克　梅澤仁 [新装版]
中辻渉 [プロセス・愛蔵版]
スタイリング　道広哲子 [新装版]
　　　　　　　　絵内友美 [愛蔵版]
デジタルトレース　大楽里美 [新装版]
　　　　　　　　　　安藤デザイン　白くま工房 [愛蔵版]
DTP　ローヤル企画
校正　田中利佳　濱口静香
編集、作図、デジタルトレース協力　田中利佳
編集　佐藤周子 [雄鶏社版]
　　　　山本晶子 [新装版]
　　　　岡野とよ子(リトルバード) [愛蔵版]
編集担当　森信千夏(主婦の友社)

かぎ針あみのモチーフ100

2021年11月30日　第1刷発行
2024年 7月31日　第8刷発行

編　者　主婦の友社
発行者　丹羽良治
発行所　株式会社主婦の友社
　　　　〒141-0021
　　　　東京都品川区上大崎3-1-1目黒セントラルスクエア
　　　　電話　03-5280-7537(内容・不良品等のお問い合わせ)
　　　　　　　049-259-1236(販売)
印刷所　大日本印刷株式会社

■本のご注文は、お近くの書店または主婦の友社コールセンター(電話0120-916-892)まで。
＊お問い合わせ受付時間　月〜金(祝日を除く)10:00〜16:00
＊個人のお客さまからのよくある質問のご案内
https://shufunotomo.co.jp/faq/